The Chrysanthemum
and the Sword

菊与刀

史上描写日本文化的第一书

〔美〕本尼迪克特●著

罕山●译

煤炭工业出版社

·北 京·

图书在版编目（CIP）数据

菊与刀／（美）本尼迪克特著；罕山译．－－北京：
煤炭工业出版社，2015
ISBN 978－7－5020－4769－6

Ⅰ．①菊… Ⅱ．①本… ②罕… Ⅲ．①民族文化—研
究—日本 Ⅳ．①K313.03

中国版本图书馆 CIP 数据核字（2015）第 020899 号

菊与刀

著　　者	（美）本尼迪克特
译　　者	罕　山
责任编辑	刘新建
特约编辑	郑　光
责任校对	杨　洋
封面设计	李尘工作室

出版发行　煤炭工业出版社（北京市朝阳区芍药居35号　100029）
电　　话　010－84657898（总编室）
　　　　　010－64018321（发行部）　010－84657880（读者服务部）
电子信箱　cciph612@126.com
网　　址　www.cciph.com.cn
印　　刷　北京市京东印刷厂
经　　销　全国新华书店

开　　本　710mm×1000mm$^1/_{16}$　印张　14　字数　220千字
版　　次　2015年6月第1版　2015年6月第1次印刷
社内编号　7624　　　　　　定价　32.00元

译者序

　　《菊与刀》是美国人类学家本尼迪克特于 70 多年前，受美国政府和军方的委托所写的有关日本传统文化生活的一份研究报告。日本战败后，面对如何管理好一个七千多万且具有好斗、尚武、粗暴、刻板、叛逆等鲜明性格特征的人口的国家，对于美国来说是一个十分关切和头疼的问题。这关系到能否巩固盟军的胜利成果和成功改造战败国的问题。如果有一份能切实反映日本人传统文化生活习俗以及道德行为准则的资料，无疑对美国来说那是求之不得的。而《菊与刀》就是一本这样的书。

　　这本书之所以取名为《菊与刀》正确切地反映出了日本民族性格上的矛盾特征。菊是秋天的象征，是秋天所有花草的代表，是日本天皇的家徽；刀则是日本武士身份的象征，是拼杀的利器。日本人既好斗又温和、既尚武又爱美、既粗暴又讲礼貌、既刻板又善变通、既温顺又叛逆、既粗俗又显高贵，这种矛盾的特性结合在一起不正像菊与刀吗？

　　那么，《菊与刀》对于了解日本人有什么样的帮助呢？作者下面的这段话可能就是最好的答案：

在战争的最后阶段，日本人将采取什么行动？我们不进攻日本本土，日本会投降吗？我们应该轰炸皇宫吗？我们应如何处置战犯？我们该如何劝说日本的军队、日本国民真诚地丢掉敌对情绪同美国人合作？又该如何教化那些一意顽抗到底的日本人？当和平到来之时，日本还需要永远的军事管制来维持秩序吗？

《菊与刀》通过对日本民族传统习俗的剖析和解读，为很好地解决上述这些问题提供了一份非常有价值的参考资料。

人们知道，当1945年9月14日日本天皇颁布投降诏书时，许多的日本人心里是不服气的，他们都决心一战到底。在日本的武士家庭里，男子从5岁起就训练杀狗，15岁训练杀死罪者，14、15岁实习斩杀，就是说他们从小带刀成长，养成斩杀别人而不在乎的习性。

应该说，日本人的这种好斗的个性正是"刀"的象征，而他们的服从意念、爱美的意念也正体现了菊的特性。今天，面对新的中日关系，我们将这本《菊与刀》重新翻译并介绍给广大读者，目的还是只有一个：通过了解日本文化传统，以便更好地了解日本人。

目 录
Contents

chapter 1

第一章　使命——解读日本

　　到现在，美国人突然感觉到，在同自己对决过的所有对手中，日本人是最难以解读的。在所经历过的战争中我们从没遇到过这样的劲敌，他们的行为与思维方式与我们相差到不得不加以认真分析研究的地步。我们现在的处境就好比是 1905 年的沙俄，正在面对着一个具有不同文化传统、但却拥有强大武装且训练有素的民族。日本人显然不遵守西方世界所公认的基于人性的战争惯例。这样的话，太平洋上的战斗就不再是简单的岛屿登陆和后勤保障工作，而面临着一个更主要的问题——了解对手。保证最终能战胜对手，了解他当是首要任务。

　　了解日本是一个很困难的过程。在日本相对封闭的 75 年间，我们习惯于用"就这样，但又能怎样"这样令人费解的含糊表达来描述日本人，这是我们在描述其他民族时所未曾遇到的情况。一个负责的观察者在谈论到日本以外其他民族时，不会在说他们彬彬有礼后又添上一句"但是他们又倨傲不恭"。同样他也不会做出下面这样自相矛盾的结论："这个民族冥顽不化，但是他们很善于适应形势变化；他们性情温和，但又常常不服从管制；他们忠诚、宽厚，但又有逆反心理，满怀怨恨；他们生性勇敢，但行动上又谨小慎微；他们依赖于别人的评价而行事，但又说他们具有很强的道德准则；他们在军队中的训练严格刻苦，但又经常地犯上不服管理；他们既热衷于西方文化，但又极端保守、固执，等等。相信一位观察者不会在一本书中一方面描述一个民族具有很高的审美情趣、并给予艺术家以极高的地位和评价、且热衷于菊花栽培，而另一方面大肆渲染他们崇尚刀剑和武士的荣誉。

而且，对日本人矛盾性格的表述常见于日本的许多论著中，也是事实。刀与菊正是日本人的双面性格。日本人有好战的一面，但又有温和的一面；穷兵黩武但又具有深厚的审美情操；傲慢不恭但又彬彬有礼；冥顽不灵但又灵活善变；忠诚但又叛逆；勇敢但又怯弱。他们在意别人的目光，但即使别人的目光并没有触及自己的劣迹，自己也会陷入罪恶感。他们的军队受到严格训练，但士兵们却具有反抗精神。

既然我们现在要了解日本，那么了解这些矛盾就是不可回避的。我们面临的困惑一个接一个。日本人的下一步打算会是什么？我们可不可以不进攻他们的本土就迫使他们投降？要不要去轰炸他们的皇宫？通过日军战俘我们能得到哪些有用信息？对战场上的日军及日本国民进行宣传时，我们怎样才能减弱他们拼死一搏的意志？这些问题即使在日本通中也意见不一。当和平来到时，为了维持社会稳定，我们是否要对日本实行永久的军事管制？有无必要还与在日本还未放下武器的顽固分子继续战斗？伴随着世界的安定，日本是否会发生一场法国或俄国那样的革命？谁将成为这场革命的领导者？日本的出路在哪里？这些问题将有许许多多不同的结果。

　　1944 年 6 月，我接受委托，专题作日本研究。我受命利用一个文化人类学家所掌握的一切研究手段，对日本民族是怎样的民族这个问题做出解读。这年的初夏，美国开始对日本进行大规模反攻。在国内，很多人认为对日作战还将持续三年、十年，甚至更久才能结束。在日本，人们则认为这将是一次百年战争。他们认为，美军虽然取得了局部胜利，但这里距日本本土尚有几千英里。而日本的官方则不承认日本海军已经失败，日本的国民依然相信他们将是胜利者。

　　然而下半年，形势开始发生变化。欧洲已开辟了第二战场，德国的失败已成定局，盟军最高司令部制定决策时重点已不是欧洲战场了。在太平洋上，美军已登陆塞班岛，日军的失败已不可避免。但与此同时我们的士兵也将与可怕的日军短兵相接。在新几内亚、瓜达卡纳尔、缅甸、阿图、塔拉瓦、比亚克等战役中，我们逐渐认识到我们面对的敌人是顽固可怕的。

　　因此，到了 1944 年 6 月，掌握关于日本的种种疑问和情况就显得十分迫切。对于这些疑问和情况，我们必须做出详实可信的解答，不管这些见解是准备用于军事还是用于外交，也不管它是为最高决策服务还是会为战场前线的宣传工作服务。对于日本发动的这场战争，我们所要了解的，包括东京当局的动机和意图、日本悠久的历史，也包括经济或军事上的统计数据、日本政府能从它的国民中获得多大的支持。同时我们还必须弄清日本人的思维和感情的习惯，以及形成这些习惯的模式。我们还必须弄清楚支撑这些行动和意志的内在动力。我们不能草率行动，应尽量回避做出这样轻率的结论：在某种情况下，我们会这样做，日本人同样会这样做。

　　这项使命非常艰巨。且美国和日本正处于战争状态。要把一切责任推给敌方是一件很容易做的事，但要弄清楚对手的人生价值取向就不容易了。而这件事又必须去做好。了解日本人将采取怎样的行动就成了重点，而不是我们在他们那种情况下将采取怎样的行动。我必须把日本人在战争中的行为当作有价值的资料来加以利用，而不是相反。我还得从文化的角度而不是军事的角度来考察他们参与战争的行为动机。和平时一样，日本人在战争中的表现也带有鲜明的民族特点。他们在战争中采取了什么样的行为方式、以什么样的思维模式看待战争？他们的决策者调动国民的战争激情、消弭不安情绪以及在战场上调兵遣将。我们从他们的这些行为中能窥察出哪些是他们自恃拥有并可支撑的力量？我不能放过我所观察到的每一个细节，希望从中一点一点地挖掘出日本人所具有的独立特质。

然而，我所进行的工作受到正在进行的战争的影响是不言可喻的。这就意味着我不能利用专业人员所具有的独特方式来实地考察。我不能去日本，不能直接观察到日本人的日常生活，而得出哪些具有关键意义，而哪些不具有的结论。我不能亲眼目睹他们作出决定时的复杂过程。也不能够观察他们如何教育下一代。约翰·恩布利的《须惠村》是在实地考察的基础上写出来的唯一一部关于日本村落的著作，非常有价值。但很遗憾，该书却没有涉及我们在1944年所要了解的关于日本有关联的问题。

尽管困难很大，但作为一名文化人类学者，我坚信我仍有可资利用的研究方法和条件。至少在我面前可以找到研究对象。因为在美国有很多日本侨民，我可以通过了解他们来了解其他日本人的思维模式，通过他们的叙述来弥补我们所不知道的盲点。我相信这样的了解对一个人类学家解读任何一种文化都是必要的。当时，对日本进行研究的其他社会科学领域的学者依靠的是书籍文献，通过对历史事件和统计数据的分析，以及日本本国的书面宣传和口头宣传的内容来总结出规律。我却相信，他们所寻找的答案很多都隐藏在日本的固有文化当中。因此，我认为对有这样生活背景的日本人进行解读能够达到解读更多日本人的目的。

这并不是说我研究日本不需要看书，不用去求证于日本人。我从日本的文献中及很熟悉日本生活的西方人那儿得到了很大的帮助，而这是研究生活在亚马逊河发源地或新几内亚高原等地的无文字部落的人类学者们所无法得到的。那些民族没有文字，无法记述自己的历史。而西方人的表述又只停留在表面层次。他们的过去无从知道。这意味着实地考察的学者们是以对对方一无所知的状态下去探索他们的经济生活、社会阶层以及宗教、信仰等。幸运的是我在研究日本之前已积累了一定的可以利用的资料。在充满猎奇趣味的文献中到处都是关于生活细节的描写。西方人详细记录下了他们的生活细节，而日本人自己也作了很多生动的自我描述。日本人和其他东方民族有一点不同，他们具有强烈的自我描述的欲望，既描述个人生活片段，也描述政府海外扩张计划，其表白程度让人惊讶。当然，对于描述的内容他们也是有所保留的，没有一个民族能在字面穷尽他们的全部内心。日本人在描述他们自己时会略去很多重要的事实与细节，就像美国人描述美国时一样。总而言之，日本民族是一个相对喜欢暴露自我的民族。

《物种起源》的作者达尔文在读书时就特别留意那些无法理解的细节。我在阅读上述文献时也采用了达尔文式的读书方法。我会特别注意国会议员演说的那一堆抽象概念化了主旨内容，他们为什么对小事小题大作，而对骇人听闻的暴行却置若罔闻？这种反差反映出的是一种什么样的思维方式？对此，我不断地提出疑问："这幅画有什么特别的地方？""为了理解这幅画，要注意些什么？"

　　为了加深了解，我还看日本人摄制的电影，包括一切宣传片、历史片以及描写东京和农村的现代题材的影片。我和一些看过这些影片的日本人讨论过。他们都是从和我截然相反的视角来看影片中的男女主要人物的。有些反映出的情节让我非常费解，而他们的反映却很自然。他们是从整部影片的展示来理解具体情节的。这和看小说一样，我的感觉和这些日本人的感觉大不相同。在这些日本人中，有的习惯性地为日本的本土文化叫好，而有的则对日本的一切都加以否定。很难说哪种人给了我更多的启示。我所能说的是，对自己的风俗习惯无论是接受还是排斥，他们对日本生活的描述方式却是一致的。

　　如果一个人类学者仅仅是从对方的个别人身上找出研究对象的整体特征来，那么他的可信度与只是在日本生活过的西方人所得出结论相比是半斤对八两，一个人类学者完全有必要利用其所掌握的专业技能，花费一些精力为这个拥有众多的专业学者和观察家的领域添砖加瓦。

　　我们已经了解了许多亚洲和大洋洲的文化。日本的许多风俗习惯和太平洋岛屿上的某些原始部落非常相似。比如，马来诸岛、新几内亚、波利尼西亚。根据这些相似的习惯来了解古代民族如何迁移与交流是一项非常有趣的工作，但我的兴趣不在于此。对我来说，这些研究之所以重要，不是因为它们揭示了这种历史相关性，而是因为它们有助我解读日本的生活方式。我坚信这一点。我或多或少具有一些关于亚洲大陆的泰国、缅甸和中国的知识，正是这些民族文化共同构成了亚洲整体的伟大文化。这种比较文化研究的价值，已经在把日本文化与其他亚洲各民族文化进行的比较中得到了印证。一个部落的风俗习惯也许与周边部落几近相同，但正是仅仅一点点的不同决定了他们是此民族，而非彼民族。在这 10% 的差异之中，某些基本习俗会被排斥。但不管被排斥的这些在其习俗整体中占有多大的比例，都足以使这个民族朝着独特的方向发展下去。对于一个人类学者来说，对这些有许多共性的各民族之间的差异进行研究具有重要意义。

但要使研究能取得实效，人类学者还需要通过改进其研究方法来消除这种文化间的差距带来的障碍。人类学家发现，处于不同文化背景之中的人在对某些情况进行阐释时，其方式存在着很大差异。他们会在北极的一些乡村或热带沙漠中发现建立在血缘关系或经济交往关系上的部落习俗，这些习俗的离奇程度简直可以超过任何想象。人类学家不仅要考查亲属关系或交换关系的细节，还要弄明白习俗对部落行为方式的影响，以及每一代人从小就要养成，像其祖辈一样行事的习惯。

我们研究日本是在做着人类学家们所做的同样的工作。这对于对日本已有了解的人来说，更会深切地感受到美国和日本在文化上的巨大差异。我们甚至可以这样来表述日本：凡是我们做的事，他们一定不做。显然，凡是一位严谨研究者都不能根据这一差异就轻率地得出结论说我们根本无法理解这个民族！人类学者的经验证明：任何差异也都不是理解这个民族的障碍。与社会科学其他领域的研究者相比，人类学家能更好地利用差异。制度和民族间的差异程度越大，就越能引起他们的兴趣和关注。他还会把他所研究的部落的生活方式中的任何东西当作理所当然的事实，这就使他不是把目光放在少数事例上，而是让他更关注带有普遍性的事物方面。在有关西方各民族的研究中，如果缺乏文化比较的目光，研究者往往会看不到它们许多的内在逻辑。而将其看做是一种必然的结果，从而忽略了对生活细节以及对过于熟悉的事实的定论的质疑。然而，正是这类习惯或定论放大到整个民族的层面，就会造成对这个民族的误读，以致会影响到这个民族的未来。

　　人类学者必须培养出善于研究日常生活细节的专业技能，因为这些细节与其他民族的相应细节迥然不同。如果想知道某一部落的最恶劣的行径表现在哪方面或什么是他们最怯懦的行径，或者如果想知道在某种特定情况下，这些部落将会采取什么样的断然措施和行动，对此，就不得不注意对细节的研究，而这些细节在我们对文明民族的研究中往往被忽略。人类学者有充分的理由相信，这些细节起着决定性作用。他们也应该学会如何从这些细节中挖掘真相。

　　我们在对日本进行研究时有必要借鉴人类学者所采用的方法。人类学者的结论是：不管是最原始的部落还是最文明的民族，他们的一切行为都是从日常生活实践中学来的。只有对一个民族生活细节进行深刻透析，才能体会到这一结论所诠释的意义。一个人无论行为或见解多么不可思议，其感性与理性都受他的经验的影响和左右。我认为，如果说日本人的某种行为古怪，那就一定存在使他们古怪的原因。我的研究如果能深入到日常生活的细节中去，无疑将有助于我的研究，这一点许多人类学者的研究成果都已证实。

　　作为一名人类学者，我相信这样一个事实：无论看起来多么孤立的事件，但实际上它们彼此之间也都会有着某种必然的联系。我主张所有的个别行为都应汇聚到一个统一模式之中。任何社会也都会制定某种机制以规范其中的人们的生活行为。这一机制必须对某些行为方式作出正面的价值判断，当人们对这种规范完成接受和认同之后，人们就会把这些判断做为具有普遍意义的机制来推广。不管遇到多大的困难，也不会改变他们把这些判断纳入一个统一体中的倾向。如果人们接受了一种价值体系，就不可能又利用另一价值体系来制定其他的机制，否则就会陷入混乱与无序。为了使整个社会体系不至崩溃，一定程度的和谐是必须的。因此，他们努力追求和谐。

如果这样的话，所有的经济行为、家庭活动、宗教仪式和政治理念就相互紧密地联系在了一起。如果其中一个领域发生的变动比其他领域更大、更快，那么其他领域迫于形势的需要势必将面临着与之适应的压力。在权利欲张显、但还无法用文字表现的社会中，权力意志不仅表现在经济交往以及和其他部落的相互关系中，也表现在宗教中。在一些文明民族中，教会一般都保留了大量的史料。而没有文字的部落则没有。但是，随着经济和政治话语权在公众中扩张，当彼此间发生冲突时，教会则选择放弃自己的权力。字句得到了保留，但内容已经发生了变化。一个学者越能扩大他的研究范围，就越能对其所研究的种种现象有一个清晰的认识，从而更有资格在任何领域提出假说并寻找资料求证。这样他就能将任何民族的民族性诉求理解为这是它的民众的思维模式或行为惯性的表现。因此，本书不是专门讨论日本宗教、经济、政治或家庭的，目的只是为了解读日本民族何以具有如此特性。

进入 20 世纪以来，我们所面临的一个困惑是，我们常常会局限于某些偏见，不仅难以认识日本民族的特质，同样难以认识美国何以成为美国、法国何以成为法国、俄国何以成为俄国。这方面知识的欠缺使得国与国之间意识间的矛盾相当尖锐。有时可能分歧很小，但我们却在自己的臆想中将其主观放大。每个民族都拥有自己相对独立的价值体系，其思维与行动的模式因此而有别于其他民族。而在这样一种状况下，高喊建立共同理想是没有前提基础的。我们要做的是努力去了解对方的风俗习惯和价值观。如果我们去了解，就会发现，在我们看来他们某些不好的行为并不一定就不好，只是因为这些行为不符合我们的习惯而已。

我们不能轻信现有的每个民族关于自己思维和行动模式的表述。每个民族自己的作家也都在努力做好这一工作，但这不是一件容易事。任何民族都会用自己独特的眼光来观察事物。在这一过程中，人们自身也很难意识到自己的某些偏见。任何民族都会把自己看到和认同的事当做是理所当然的。

这项工作要求我们既要严格又要宽容。我们有时会被指责过于严格。而指责我们的人多是些世界主义者，他们竭力说服全世界的人相信，东方人和西方人、黑人和白人、基督徒和穆斯林都是些表面差异，而在深层次的人性上是共通的。这种观点有时被认为是"手足情谊"。这种说法却难以让我信服：为什么相信"手足情谊"就不能相信日本人有自己固有的生活方式、美国人有美国人的生活方式？这些心胸过于博大前瞻的人们可能认为世界各个民族都产生于同一母体，否则他们怎么会相信世界能大同呢？但是如果将这种一致性看做是尊重其他民族的话，这和要求自己的妻儿子女和自己长得一模一样就如同克隆出来的有什么区别？理性要求我们要正视差异的存在。我们的理想是建立一个和平的多元世界，它能够包容各种差异。美国可以是一个美国式的国度，但这对世界和平并不构成威胁。法国、日本也一样。一个学者只要不像惧怕达摩克利斯之剑一样惧怕差异，那么他就会发现以外部压力来干涉民族内部的独立性是一件多么愚蠢和不理智的事。担心持这种态度会阻碍世界的发展是多余的。承认文化上的差异并不会破坏世界的和谐。经历了伊丽莎白时代、安妮女王时代和维多利亚时代的英国不还是保留着她自己的特色吗？这体现的就是特色差异。

对民族差异性进行研究时，要求我们既要坚持严格的态度，同时又不失宽容。只有信仰坚定的人，才能异乎寻常地宽容。唯此宗教的比较研究方能有所发展，研究者可以是基督教徒，可以是阿拉伯学者，也可以是无神论者，但决不能是一个宗教狂热分子。如果我们总是强调自己的生活方式，坚信自己的生活方式才具有普遍意义，那么就没有必要做文化比较研究了。持这种态度的人并不懂得对别的民族的了解是对自身文化的一种有益补充。因此他们不关注这方面的研究。如此固步自封，在与其他民族的交流中他们自然就会选择自以为是，以自我为中心的生活方式。美国人就喜欢将自己的信念强加到其他民族身上。然而，其他民族都选择了排斥的生活方式，这就好比美国人不能用十二进制代替十进制，或是不能像东非土著居民那样用一条腿站着休息一样。

总之，本书是一本阐明日本人生活习惯的书。它包括一个日本人想知道自己怎样做才能得到恭维，而在什么样的情况下会得不到？他遇到什么样的情况会羞愧，在什么样的情况下会愤怒？本书所力求了解的就是诸如此类的问题。最能印证书中结论的莫过于那些街头巷尾的闲谈，因为这些平民代表了最一般的日本人。但这并不是说他们代表了全部，而是代表了一种普通性。我们的目的是要探究思想和行为深层的模式。或许本书并未做到，但这却是我的理想目标。

比如，当我们想知道一个日本人在同样的场合下会对谁鞠躬，我们并不需要对所有的日本人进行观察统计。只需选取一个典型就足够了，不需要逐个去求证。

另一方面，如果要了解日本生活方式的深层原因，就远不像统计实证那样简单了。探究这些习惯是如何根植于他们内心的，这对于一个专业研究人员来说有责任给予回答。在这种分析工作中，最具说服力的并不一定是"田中"，即：普通的日本人。因为"田中"无法说清楚自己思维与行动有那些必然的联系。这些联系对他们来说或许太习以为常了，以至于他会觉得完全没有必要跟美国人解释。

美国人在研究所谓文明民族的文化时，往往忽略这些文化的产生基础。研究者都倾向于认为这些基础像公理一样不再需要证明。社会学家和心理学家擅长的是作统计，他们更关注观点和行为出现的频率。他们往往是通过查阅资料、问卷调查、访谈、心理测试等统计数据找出某些要素的独立性或相关性。而在作舆论调查时，可以在全国范围内进行抽样调查。这种方法在美国已经相当普遍，人们可以很快就了解到某一候选人或某一政策的支持率。人们还可以按照农村或城市、高收入人群或低收入人群、共和党或民主党来对这些支持者和反对者进行分类。这种方法在一个实行普选、立法权掌握在国民手中的国家里具有非常重要的实践意义。

美国人可以很容易地在美国人之间进行民意调查，并且得到想要的调查结果。这是因为有一个重要前提：美国人熟悉自己的生活方式，并且是不容易改变的。由此可见，民意调查不过是在验证已经存在的现实而已。但是如果我们要去了解另一个国家，就不得不首先对这个国家的国民习俗和思维方式做全面和系统的了解，在此基础上才可以做投票这种量的统计。这样的统计结果可以告诉我们多少人支持政府、多少人反对政府。但是如果我们事先不知道国家对他们来说到底意味着什么，这样的统计结果将毫无意义？我们只有弄明白了他们的国家观念，才能够领会各个政党在街头或国会中所提出的主张。一个民族的国家观念远比揭示各个政党势力的数据更能说明问题。在美国，无论是共和党还是民主党，都认为政府是限制个人自由的罪恶机器。在美国人眼中，除了战争时期外，公务员的社会地位比一个普通国民高不了多少。我们的这种国家观念不仅是日本人无法理解的，就是和欧洲的其他许多国家比起来也有很大的不同。可见，我们首先要了解的正是一个民族的这种差异。在他们的行为习惯中，在他们对成功的定义中，以及在他们关于历史起源的神话或节日里的祝词中，我们都能看到和听到这些差异的反映。这些个别的反映方式值得我们研究，而且需要有步骤地进行。

我们在进行选举时，往往能够精确地统计出赞成票和反对票各自的比例。也同样可以统计出一个民族的基本观念及其价值评价标准。日本就是这样一个需要我们精确把握其日常生活基本观念和价值评价标准的国家。我相信，只要我们注意到了我们西方人和日本人的人生观的差异，并掌握他们构建使用的范畴和符号，我们对日本人的行为方式就不会感到困惑不解。我开始明白了为什么日本人对一些急剧变化的行为，会把它看作是一个连贯的整体的组成部分。我开始和日本人一起共享时，觉得他们的一些用语和观点很奇怪，现在才知道原来它们自有自己的特殊含义，当然，这是历史沉淀的结果。这些都和我们西方人的道德观存在着质的不同。他们拥有自己独立的价值体系，既不属于佛家，也不属于儒家，就是一个纯粹日本式的体系，既包含了日本的长处也存在着不足。

第二章　处于战争中的日本人

　　每一种文化传统的体系中都毫无例外地包含着战争观。分属不同文化体系的战争观也不尽相同，西方各国尽管各有各的特殊性，但还是有一些相同的战争观念，如怎样作战争动员、遭受局部失败时如何安抚民心、注重阵亡者与被俘者的比例、如何管理战俘等。西方各国同属于一个大的文化范畴，因此对这些问题都有共同的预期目标。

　　了解日本人和西方人在战争观念上的所有分歧也有助于我们了解他们对人生和责任的看法。我们的目的是系统地研究日本的文化与行为，他们那些与我们的主体观念相悖的行为是否影响军事，不是我们关心的。他们的所有行为都很重要，都有助于我们对于日本国民性的诸多疑问的解答。

　　诸如，日本评判战争是否正义性的标准和美国正好相反。他们对国际形势的解读也和我们存在分歧。美国把战争的原因归为轴心国的野心膨胀。他们的侵略行径充分暴露了他们实行民族压迫的野心。他们公然违背了"自己生存的同时也让别人生存"的原则，违背了对自由企业"门户开放"的国际准则。但是日本对这种侵略却辩解说：各国都过分强调自己的绝对主权，就会导致世界的无政府状态，这是引发战争的主要原因，日本是在为国际上建立一个等级秩序而奋斗。而且，这一秩序必须在日本的领导下才能建立，因为只有日本是真心实意为之奋斗的，也只有日本最能理解"各得其所"的深刻意义。在国内，日本统一了全国，镇压了叛乱，实现了和平，修筑了公路，发展了电力、钢铁等产业。根据官方统计，日本99.5%的青少年进过公立学校接受义务教育。因此，它有义务帮助它的落后弟弟——中国。"大东亚"的各国属于同一人种，日本应该把美国、英国、俄国逐出这一地区，从而使这一地区内的各国"各得其所"。各国都在国际等级秩序中占有一个位置，这样共同构成一个统一的世界。而日本所主张的等级制我将在下一章进行讨论。但可以肯定地说：等级制是日本民族炮制出来的自认为是一种理想的制度。然而，他们的这一理想制度却并没有得到它所占领的那些国家的认可。但即使如此，日本在战败后依然没有从观念上放下"大东亚"的狂妄梦想。此外，在日本的战俘中，即使是最反战的人，也很少指责日本对大陆和西南太平洋地区占领的意义。可以想象在今后一段相当长的时间内，日本的这种观念依然不会改变。这一观念的核心就是对等级制的坚持。在这一点上，信奉平等的美国人与之截然不同。但是我们必须了解日本人是怎样看待等级制度的，对他们来说，这种制度究竟具有什么好处。

　　另外，对于哪些条件和因素能增加日本取胜的砝码，日本也有不同于美国的看法。他们始终鼓噪精神必将战胜物质。美国是一个军事强国，他们清楚日本人的看法，但丝毫不觉得这算什么阻碍的力量。日本的一家全国性报纸上登载过这样一段话："如果我们顾忌数据资料，就不会发动这场战争了。敌人的丰富资源并不是这场战争带来的。"

　　即使是在日本取得有限胜利时，日本的政府官员、大本营和军人们也都反复强调："这场战争不是军事实力的较量，而是我们赖以生存的精神和美国人赖以生存的物质之间的较量。"而在我们取得胜利时，他们同样重复这样的话："在这场战争中，依靠物质力量必定失败。"这一信念在塞班岛、硫磺岛溃败时，毫无疑问成了很自然的辩解，但它确定不是为了开脱事先准备的。在战争初期，日军不断取得胜利的时候也是靠着这样的信念鼓舞士气的。而在偷袭珍珠港以前，它已经深入人心了。在三十年代，前陆军大臣狂热的军国主义分子荒木大将在一本名为《告日本国民书》的宣传手册中说道："日本的真正使命就在于在全世界兴皇道，我们无需在意实力的悬殊，物质有什么好担心的？"

　　当然，正如其他所有备战的国家一样，他们所宣扬的也只是一种精神力量。在三十年代的日本，军费在国民总收入中所占得比例非常高，而且这一比例一直在提高。偷袭珍珠港那一年，日本用于陆海军的军费占了将近国民总收入的50%。而用于民生的财政支出仅占政府总支出的17%。日本和西方国家不同的地方并不是他们不重视物质的贮备，只不过军舰大炮只是"日本精神"的外在"资本"而已，就好比佩刀是武士道德的外在表现一样。

　　美国重视物质上的强大，而日本则自重精神力量的张扬。日本虽然也进行我们那样的增产运动，但他们的增产运动所依赖的基础前提却和我们不一样。他们认为，精神决定一切，永恒不变。物质固然重要，但只起次要作用，而且并不长久。日本的广播电台大肆宣传："物质资源是有限的，不可能永不枯竭。"这种对精神的崇尚被直接用到了战争上。日军的战斗手册中有一句口号："用我们所接受的严格的训练战胜敌军数量上的优势，用我们的血肉之躯战胜敌军的钢铁。"这句口号反映了他们秉持的理念的真情反映，而并不是专为这场战争杜撰出来的。他们的军事手册上的首句就是黑体的"阅读必胜"。精神战胜物质的最好案例就是他们驾驶着小型攻击机以自杀方式猛冲向我们的军舰。他们把以这种自杀方式进攻的人叫做"神风特攻队"。所谓"神风"，指的是公元 13 世纪阻止了成吉思汗入侵的那场飓风。这场飓风倾覆了成吉思汗的船队，拯救了日本。

在国民的日常生活中，日本统治集团甚至也不失灌输精神战胜物质的信条。比如工人已经工作了十几个小时，还遭到了空袭，但早已经身心疲惫的他们还要面对"身体越疲惫，意志就越坚强"、"疲劳能磨炼一个人的意志"的警示。冬天老百姓经常躲在寒冷的防空洞里挨冻，而日本体育协会却在广播里说做保暖体操，这种体操不但胜过取暖设备和被褥，还可以代替不足的食物。对此，他们说："你们也许会说，没有吃的，哪还有力气做体操啊。但正是这样，食物越匮乏，我们就越要考虑以其他方法来代替它。"也就是说，为了增强体力还得额外消耗体力。美国人在评估体力时，主要是看头天晚上睡了 8 个小时还是 5 个小时、饮食是否正常、身体是否舒服。而日本人却全然不顾这些前提因素。他们认为那是重视物质的表现。

战时日本的广播更为夸张精神的作用，甚至夸张到了精神能战胜死亡的程度。某家广播电台就曾播放过这样的神话：

"一次空战结束后，飞机按编队返回机场。在最先着陆的一架飞机中走下一个大尉。他用望远镜望着远方，一架一架地数着返回的飞机。他的脸色苍白，但神情异常镇定。直到再也没有飞机着陆后，他写好了一个报告，然后走向司令部去汇报。汇报结束后，他突然倒在了地上。在军官们围上去的时候，发现他的身体冰凉，面无表情。经过检查，发现他的胸口有一处致命的弹伤。按此推断他已经死去多时了，是他的精神及强烈的责任感创造了这一奇迹。"

在美国人看来，这不过是一个编造出来了的神话，大可听了一笑了之。但深受精神可以战胜死亡教育的日本人却不这样看。他们对此笃信不疑，他们认为这是可以做到的，并不是奇迹。这个大尉就是创造这样奇迹的典型。如果"崇高的精神延续千年"，那么，这种精神为什么就不能在大尉身上延续短短的几个小时呢？日本人相信，通过某种修炼，精神可以创造奇迹，就像那位大尉一样。

作为美国人，我们完全有理由将日本人的这些极端行为斥为是隐藏自己缺陷的托词。但我们越是持这样的观点，就越难与日本人打交道。日本统治集团通过设立禁忌、排斥外来观念，反复训练将这些信念牢牢地灌输进日本国民的心里。美国人只有认识到这些信念并非一个民族另类的特性，才能理解日本人在战败时为什么会承认"光有精神是不行的"，企图用竹刀来守住阵地就是一种幻想的真正内涵。更重要的是，也让我们明白了他们为什么会承认他们的精神都败给了美国人的精神。正如他们战败后所说的，在战争中他们全凭"主观臆想"。

处于战争时期的日本人，关于等级制和精神至上在内的种种立场和观念都为比较文化的研究提供了很好的素材。他们认为安全、士气等都是涉及的问题。遭到空袭、塞班岛溃败、菲律宾失守……无论遭到什么样的失败，政府总是这样向国民宣讲：这是预料中的事，不必害怕。电台依然重复着以往的广播，以期使日本人继续相信世界上所发生的一切都尽在他们的掌控中。他们把这当作一种稳定民心的手段。他们说："基斯加岛的失守让自己暴露在了敌军的空袭之下是意料之中的事，我们已经做好了所有的准备。"对于"敌军的三军协同向自己发起进攻，也已给予了充分考虑。"就是认为战争已经没有希望、应该早日结束的战俘都不相信轰炸会完全摧毁日本。他们解释说："本土的人早就有了思想准备。"就在美军开始轰炸日本本土时，飞机制造业协会副会长还在广播中自欺欺人地说："敌军飞机终于飞临了我们头上，但我们这些从事飞机制造业的人早就料到了这一切，已经做好了一切应对的准备，大家无需任何担忧。"日本人正是从这一信念出发，才坚信他们永远处于主动，即使最糟糕的事强加到他们头上也是主动的。他们相信："我们并不是被动地遭受进攻，这是我们的诱敌之计。"他们不会说："不可避免的事终于来临了。"而会说："这正是我们所期待的，它真的来了。"海军大臣曾在国会演说中引用了 19 世纪 70 年代著名的叛乱军首领西乡隆盛的遗言："有两种机会，一种是偶然降临到自己身上的，一种是自己创造出来的。面对困难，我们要自己创造机会。"当山下将军在电台中听说：美军攻入马尼拉城中时，微微一笑，并得意地说：敌人已经中了我的圈套了……敌人刚一登陆仁牙因湾，就夺下了马尼拉，这是我预料之中的事，我的计划正在不折不扣地执行着。"这等于说，越是惨败，才越是成功。

　　美国人和日本人一样爱走极端，只不过极端的方向不同。美国人英勇奋战是因为战争是别人强加的。遭到了攻击，所以就得反击。任何考虑到民心安定的政治家都不会说珍珠港、巴丹半岛的溃败是"我们计划中的事"。相反，他们会说："敌人打到家门口了，我们必须予以回击了。"美国人总是使自己处于不断迎接挑战的紧张状态。而日本人则把生活想象成早就事先安排好了。多少有点让人感到是自欺欺人的味道，但对他们来说，最大的恐慌莫过于突然面临没有预料到的事。

在处于战争中的日本人所宣传的另一主题中也可以凸显他们的生活方式。他们常说："全世界的目光都聚集在我们身上。"所以他们要发扬日本精神。美军在瓜达卡纳尔岛登陆后，日军军官在其对部队训话时说，全世界的目光现在都聚集在了我们身上，这正是我们表现日本精神的时候。日本海军有一条条令，如果遭到鱼雷攻击、军舰沉没，官兵们必须从容不迫地到救生艇上去，不然就会遭到全世界的嗤笑，还可能会被美军拍成电影拿到纽约当笑话看。这会影响到日本海军在国际上的形象。重视国际形象这一点深深扎根于日本的传统文化中。

在日本人的各种操守中，我们最关心他们怎么看待他们的天皇。天皇在整个国民中拥有多大的影响力？一些美国的专家认为，在日本7个多世纪的封建社会中，天皇所充当的都是一个傀儡角色。一般人只忠于各自的主人——大名，以及统领大名的军事领袖——将军，没人在意是否忠于天皇。天皇深居在与外界隔绝的皇宫中，其活动被严格限制在由将军制定的条条框框内，甚至一个大名若流露出对天皇的敬意都会被看作是对将军的不忠。在日本的平民百姓眼中似乎并没有天皇这个人。一些美国学者认为，我们应该通过日本的历史来解读日本，了解为什么保守的日本国民会突然会听命于一个曾很模糊的天皇呢。他们说，日本评论家反复强调了天皇对其臣民有永久的统治权，其实这些观点很浮夸；他们越是这样夸大，就越表明他们证据的脆弱。因此，美国的对日政策无须特别顾虑天皇。不但如此，我们还有必要抨击他们在近年所炮制出的这种邪恶的元首理念。天皇是现代日本国家神道的核心，人们只要拭去天皇的神圣光环，日本这个国家就会土崩瓦解。

　　而另有一些看过前线或日本国内的报道及文献的美国人则不这么认为。凡是在日本生活过的人都知道，再也没有比用言辞侮辱天皇或对天皇进行直接攻击更能刺痛日本人以激起民族斗志了。他们不认为我们批判天皇是在批判军国主义。第一次世界大战结束后，民主的观念已深入人心，军国主义声名狼藉，军人甚至不敢身着军服行走在东京市区。但即使在这样的背景下，日本人仍然狂热地崇拜着他们的天皇。那些在日本生活过的人说，日本人对天皇的崇拜并非德国人对希特勒的崇拜。德国人对希特勒的崇拜取决于纳粹的兴衰，是纳粹党的罪恶蛊惑造成的。

　　关于这一点，也可从日军战俘的口供中得到证明。西方国家的军人受过培训，知道自己在被俘后能说什么、不该说什么。而日本人没有受过这样的训练，因此他们对某些问题不知该如何应对，莫衷一是。他们没有接受这样训练的原因是因为他们只要向天皇尽忠就足够了。这种状况一直持续到战争结束前几个月，但只限于军队中的一部分。战俘的口供之所以有价值，是因为它们代表了日军多数士兵的心理。他们中除了少数人，绝大多数人都是在受伤失去知觉的状态下被俘的。

　　那些顽抗到底的日军战俘将自己的极端军国主义情结归咎于天皇，认为自己是在"遵奉御旨"，为了"让天皇宽心"，自己要"为天皇献身"，因为"天皇领导国民进行圣战，自己必须服从"。而那些反战的战俘也同样把他们的和平主义归于天皇。对所有日本军人来说，天皇代表了一切。反战者认为天皇"爱好和平"。他们坚持认为天皇是位开明的君主，一直都反对战争，是被东条英机骗了。"在满洲事变时，天皇反对过军部"。"战争是在天皇不知情的情况下发动的。天皇反对战争根本不会让国民卷入其中。天皇不知道他的土兵生存环境有多恶劣。"这些战俘的口供和德国战俘完全不同。德国战俘无论对自己的上级有多不满，但都普遍认为希特勒才是发动战争的罪魁祸首，战争责任应由他来承担。日本战俘坚决认为忠于天皇与推行军国主义、侵略战争是不同的两种行为。

对日本人来说，天皇和日本是不可分割的。"没有天皇的日本不叫日本"，"日本天皇是日本民族的象征，是宗教文化的核心，是超宗教的信仰对象"。天皇不能为日本的战败负责。"战败的责任应该由政府和军部承担，而且，日本即使战败了，日本人也会一如既往地崇拜天皇"。

美国人认为任何人都有可能遭受质疑和批判，而对日本人这样维护天皇的作法认为是不可理喻。但直到战败，日本的舆论主流仍持这种论调。即使是审讯战俘的专家，都会无奈地在每份审讯材料上写下"拒绝揭发天皇"的字样。因为即使是那些愿意和盟军合作、为我们作反向宣传的人，也都拒绝揭发天皇。从各地汇总的审讯口供中，只找到三份表示反对天皇的，其中一份表示的相对极端："让天皇继续在位将是一个错误"。另一份认为天皇"没有坚定的意志，沦为了一个傀儡"。第三份则仅仅猜测"天皇将让位于太子；日本如果废除了天皇制，日本妇女也许可以像美国妇女那样获得解放"。

日本军部正是利用了所有日本人的这种对天皇的崇拜情结，把"天皇御赐"的香烟奖赏给部下；在天长节那天，带领部下朝着东方遥拜天皇，高呼万岁；在部队遭受接二连三的轰炸时，和部下一起日夜诵读天皇写在《军人敕谕》中的圣旨，"诵读声回荡在战地和营房"。他们极力地利用日本人对天皇的忠诚，号召全体官兵"奉召必谨"、"分担圣虑"、"以忠心回报圣恩"、"为天皇献身"。然而这种对天皇的忠诚也不完全是无理性的。很多日本战俘都表示："只要天皇有令，我们就将拼死打完最后一颗子弹。同样，只要天皇下令停止战斗，我们马上就放下武器。""即使最好战的关东军也会驯服地放下武器。""要日本国民承认失败，除非天皇下旨。尽管是一百个的不情愿。"

无限忠于天皇并敢于批判天皇之外的任何其他人和组织，这两种态度形成了强烈的对比。在日本的许多报刊杂志或战俘的口里能经常可以看到和听到批判政府或军部上层的言论。战俘们痛斥那些把部下丢在前线抵抗而自己只身逃跑的指挥官。有的军官受到他们的称赞，有的受到他们的斥责，他们是明辨是非的。有些日本国内的报刊杂志也批评政府无能，军官要求政府提高效能。他们批评政府限制言论自由。比如 1944 年 7 月，东京一家报纸刊登了一篇有记者、前国会议员、日本极权主义政党大政翼赞会领导人参加的会议记录。其中记载了一个人的发言说："我觉得鼓舞国民斗志的最好方法就是保障国民的言论自由。这几年日本国民都不敢说真话了。他们害怕由此给自己惹来麻烦，只敢做些表面上的应酬。这样下去会抑制全体国民力量的发挥。"另一与会者说："我每天都和我们那个选区的选民彻夜长谈，征求他们对各种问题的看法。但他们不敢完全说实情，这证明我们现在的言论自由遭到限制，这不利于激励国民的斗志。在战时特别刑法和治安维持法的管制下，国民变得越来越拘谨，就好像封建时代的臣民一样。我们现在的全部实力受到了抑制。"

这样看来，即使在战时，日本人仍然可以直接批判他们的政府、大本营以及他们的顶头上司。然而，只有天皇没有受到批判。天皇至高无上的地位是近代确立起来的，原因是什么呢？日本国民性中有什么神秘的信仰使得天皇如此神圣不可侵犯？只要天皇有令，日本人就会挥舞着竹枪浴血奋战到最后一人。同样，只要天皇下旨，日本人也会驯服地收起他们的武器，承认失败。日本战俘的这些说法可信吗？会不会是故意编造出来的？

从崇拜精神到对天皇的态度，日本人所持的这种态度不仅影响到前线，也同样影响到国内的生活。而另一些观点则更多地影响到军队。比如对战场荣誉的看法。当美国授予台湾海峡机动部队指挥官约翰·艾斯·麦凯恩将军海军勋章时，日本广播电台表现出了强烈的惊讶，这与美国人的反应完全相反。他们在广播中这样说：

"授予指挥官约翰·艾斯·麦凯恩勋章不是因为他打了胜仗。我们不明白为什么不是这样的理由，既然尼米兹的官方报告中已经说了他击退了日军。……而授予麦凯恩勋章的理由居然是，他救出了两艘受损的美国军舰，并把他们安全地送回了基地。这件小报道之所以重要正在于它不是编出来的，而是确有其事。……我们并不是说他没有救两艘军舰，而是希望你们能认识到美国人的荒唐：救两艘军舰就能接受勋章。"

美国人对任何救援行动都会感动。所有救援行为都会因受难者的得救而显得感动而敬佩。而日本人则蔑视救援行动而只以直接的搏击来表现英勇。他们甚至把我们在 B-29 轰炸机上配备救生设施斥为怯懦。而且还通过报纸和广播翻来覆去渲染这一点，说这毫无价值。他们的这种价值取向可在他们对待伤员和疟疾患者的态度上得到印证。在他们眼中，负伤了就没有任何价值了。实际上，他们缺乏足够的医疗服务，甚至不足以维持正常的战斗需要。而补给上的困难使得本来就很匮乏的医疗设备雪上加霜。但这并不是叙述重点。这说明的是日本人对物质的鄙视可见一斑。他们被灌输了这样一种思想：死亡是精神的胜利。像我们这样对待伤病员，就好像我们在轰炸机上配备救生设施一样，只会让英勇的行为褪色。日本人在日常生活中也不像美国人那样喜欢看医生。美国人对伤病员的关注远远高于对其他福利设施的关注，而且，这一点也得到了来美国旅游的欧洲人的承认。而日本则完全没有这种意识。在战争中，日军没有一支受过训练、能够在战斗中救护伤病员的救护队，也没有前线救护所、野战医院、远离前线的康复医院等在内的系统医疗设施。与此相比，他们更重视医疗品的补给。在紧急情况下，他们会直接杀死伤病员。在新几内亚和菲律宾，日本人常常被迫从有医院的地方撤离，但他们并不是先考虑转移伤病员。而当必须撤退转移或敌人已经出现在眼前的时候，他们才考虑到处理伤病员。而处理的方法，就是将他们全部杀死，或是留给他们手榴弹让其自杀。

日本人对伤病员的这种态度也毫不例外地用到了美军战俘的身上。在这点上，日本人无论是对他们自己的同胞还是对我们的战俘都犯有虐待罪。原菲律宾上校军医哈拉尔德·W·格拉特里述说他在台湾的 3 年战俘经历时说："日军的医疗护理甚至不如美军战俘。战俘营的盟军还有专门军医照料盟军战俘，而日本人却没有一个军医。日军曾一度让一个下士来照料自己的伤病员，后来这个下士升为了中士，就再也见不到他的踪影了。"

日本人的这种虐待伤病员的结果就是死不投降。而西方各国的军队在尽了自己的最大努力仍无获胜的希望或面对生命危险时就会选择投降。而这样的举动并不让他们认为是耻辱，还可按国际协议要求通知自己的家属，让他们知道自己还活着。无论是作为军人、还是家庭中的一员，他们都不会因此受到指责。而日本却完全相反——只有战死才光荣。在彻底丧失希望时，他们也不应该投降，而应该用最后一颗子弹自杀或进行自杀式冲锋。如果不幸受伤失去知觉从而被俘，他将感到"回国后将受尽侮辱"，则会生不如死。

　　尽管在日军中有这样的规定，但他们并不需要对士兵进行特别教育。日军会自觉地执行着这些规定，日军在缅甸北部的战役中，被俘与阵亡的比例为1：120。而被俘的人员被俘时都是处于昏迷状态，极少出现一个人或两三人结伙儿投降的情况。西方的军队如果阵亡率达到四分之一或三分之一时，就会选择投降。投降和阵亡的比例约为4：1。在荷兰迪亚，日军首次出现大规模投降，从而让这一比例上升到了1：5。应该看到，和缅甸北部的1：120相比，这是一个巨大的进步。

　　因此，在日本人看来，美国人的投降行为是可耻的。即使他们没有丧失战斗力但也已经被认定为了废物。许多美国人都说，在战俘营里，没有比美国战俘笑出声来更危险、更不能让日本看守接受的了。在日本人眼中，被俘已经是一件非常可耻的事了，竟然还有脸笑，这是不可忍受的。战俘必须服从的命令也是日本军官要求看守战俘的日本兵执行的。经常作急行军或被塞进极拥挤的运输船中转移，对日本看守来说是常事。有的美国人还提到，日本哨兵常常要求他们不要透露自己的违规行为，因为公然违抗规定是被视为最不能忍受的罪行。在战俘营，战俘们白天出去干活，收工回来时禁止从外边带进食物。但这个规定往往不起实质性的作用。因为只要把蔬菜水果等包起来就可轻易带回来。但如果一旦被发现，就是一项很重的罪名，这意味着是挑衅哨兵的权威。对权威的挑衅，哪怕是一句顶嘴，也会受到最严厉的惩罚。日本人在日常生活中也严禁顶嘴，在军队中，顶嘴将遭到严厉惩罚。因而，在战俘营存在着虐待事件是不可避免的。但我们在这里将这类文化习惯与虐待事件区分开来，并不意味着我们宽容虐待事件。

　　在战争初期，可能是受到了日本士兵相信敌军会以极其残忍的方式杀掉战俘，因此更不敢投降了。日本各地有很多这样的谣言，说美军在瓜达卡纳尔岛上用坦克辗轧日军战俘。也有一些日军打算投降，我们不敢相信，就把他们杀了。我们有理由不相信，因为被逼上绝路的日本兵总是以与敌人同归于尽为荣，甚至在被俘后也抱着这样的念头。一个日军战俘曾说："既然已经下定决心为胜利献身，不能赴死就是莫大的耻辱。"这也是能很少俘获日军的原因。

投降是一种很严重的耻辱行径。这一观念在整个日军心中根深蒂固，并视为理所当然。这和我们所持的关于战争规则不同，我们的行为在他们眼中是坚决不能接受的。有的美国战俘要求将自己的情况通报给美国政府和在国内的家属，这让日本人很是惊讶，并遭到他们的鄙视。日军士兵根本没想到巴丹半岛的美军会向他们投降。他们以为美军会像他们一样血战到底。他们无法理解，美国人怎么会不以投降为耻。

还有一点，日本士兵和西方士兵不同，就是日本士兵被俘后会和盟军进行合作。日本人根本没有去适应新的生存环境的准备。他们自认为已经身败名裂，他作为日本人的生命已经结束了。直到战争结束前几个月，才有少数人说，不论战争最终结果如何，也要返回祖国。有些人则一直在要求杀了他们："如果你们没有杀战俘的习惯，那我就按你们的要求去做吧。"他们确实按美军的要求做了，既告诉了美军弹药藏在什么地方，又告诉了日军的兵力配置，还为美军作宣传、与美军飞行员一起轰炸军事目标。其中甚至包括那些最顽固的军国主义分子。就好像他们完全变成了另外一个人似的，彻底地脱胎换骨了。而唯一不变的是，他们表现出了一贯的忠诚。

当然，这样的人不是战俘全部。也有少数人是死硬到底的。但是，要他们合作，首先得给出一些有利条件。对此，有的美军军官显得谨慎，不敢轻易接受日军战俘表面上的合作，以至于有些战俘营根本就没打算指望日军战俘帮忙。但在接受了日军战俘所在部队的合作时，美军所表现出来的就不是疑虑而是信赖了。

美国人没有料到日本战俘前后会有这样大的转变，因为这是与我们的观念格格不入的。有许多日本人似乎信奉这样一条准则：选择一条道路全力以赴，当道路被阻断时，就很自然地转到另一条路上去。那么，我们能否在战后的对日政策中利用他们的这种行为准则呢？或是说这些行为并不具有普遍性！就像战时的日本人的其他行为所具有的特殊性发人深思一样，因此，日本整个民族的生活模式及其制度、他们的思维方式和行为准则等的一系列问题都急需我们去解读。

chapter 3

第三章　各得其所

　　想要解读日本人，有必要从解读"各得其所"对他们来说意味着什么开始。日本人信奉秩序和等级，而我们信仰的是自由和平等，因此，我们很难把与我们具有巨大差异的体制当作一个合理的社会机制来看待。但是日本人对于人与人、人与国家的关系的看法却都是建立在他们对等级制度的信奉基础上的。所以要解读他们的人生观首先就要了解他们在家庭、国家、宗教和经济生活等方面的习俗制度入手。

　　日本人考虑国际关系问题时和考虑国内问题一样，都离不开等级观点。在过去的十几年里，他们自认为正在接近国际势力这座金字塔的顶端，而现在西方国家却取代了他们的位置。而他们接受这一事实也同样是源于信奉等级制的观念。而在他们的外交文件中也清楚地证明了他们对等级制度的重视程度。1940 年，日本与德、意结为"三国同盟"。同盟条约的序言写道："大日本帝国政府，德意志政府和意大利政府认为世界各国各得其所才是世界持久和平的前提……"在该条约签订时颁布的天皇诏书也重申了这一点：

　　宣扬大义于八方，统一世界为一家，实乃皇祖皇宗之大训，亦朕夙夜之所念。而今世局动乱不知何止，人类蒙祸不知何极。朕唯愿早日勘定祸乱，光复和平，轸念极切……兹三国间盟约既成，朕心甚悦。唯万邦各得其所，兆民悉安其业，此旷古大业，前途尚远。

　　就在他们偷袭珍珠港的当天，日本使节还向美国国务卿科代尔·赫尔递交了一份声明，非常明确地陈述了下面的内容：

　　各地区都能各得其所乃日本帝国不可改动之国策。……维持现状同各地区各得其所之帝国根本国策完全背道而驰，帝国政府断然不能容忍。

　　这一声明是针对国务卿赫尔几天前的所递的声明的回应。赫尔在他的声明里强调了美国所坚持的四条原则：主权和领土完整不可侵犯；互不干涉内政；依赖国际合作与和解；平等的原则。这些都是美国所坚持的要点，不但是国际关系也是日常生活的基石。美国人向往一个更美好的世界，而平等则是这一向往的最崇高、最坚实的基础。对我们来说它意味着自由、摆脱干涉和苛捐杂税，在法律面前的平等和民主自由的权利，这是天赋人权的基础。即使我们在行动上有违平等的原则，我们依然维护它在道义上的权威，所以我们与等级制度是势不两立的。

　　美国人自建国以来就一直如此看待平等的问题。杰斐逊把它写进了《独立宣言》，宪法附加的《权利法案》也以此为基础。一个新诞生的国家能够在自己的公开文件中写下这样的准则是非常重要的，因为它们反映了这块大陆上的人们在日常生活中正慢慢形成一种新的生活方式，一种欧洲人完全陌生的生活方式。19 世纪 30 年代早期，有一个叫亚历克西·德·托克维尔的法国人在访问美国后就"平等"写了一本书，它成为了国际新闻报道中的一份重要文献。他是个既睿智又富有同情心的观察者，能够看出这个全新国家的许多值得推崇的东西。对他来说这个国度尽管很陌生。德·托克维尔生活在法国的上流社会，一些当时还很活跃并有影响力的人依然记得法国大革命对贵族社会带来的冲击。但托克维尔对美国生活新秩序的欣赏体现了他的大度，但他依然是用法国贵族的眼光来看世界的。他的书是在对旧世界报告未来的新事物，他相信美国的现状预示着未来，同样的变化在欧洲也会发生，尽管存在一些差异。

　　因此他详尽地描绘和报道了这个新国度。这里的人们真的坚持彼此平等，他们的社交秩序建立在全新而又简单的基石上，他们以平等的方式交谈。美国人不理会等级制度礼数及细节，他们既不这样要求别人也不这样要求自己，他们喜欢说自己不亏欠任何人。这里没有古老的贵族式或罗马式的家族，控制旧世界的社会等级在这里全然不见了，这些美国人相信平等是最好规则。即便是自由这一原则在他们的生活中都经常被抛到脑后，但是他们却平等地生活着。

　　对于美国人来说，通过这个外国人笔下描绘出的一百多年前先辈的生活方式无疑让人振奋。自那以后我们的国家发生了许多变化，但是社会的基本纲领并没有改变。当我们读托克维尔的书时，我们意识到 1830 年的美国就已经是我们所知的美国。这个国家曾经有，以后也可能还会有像杰斐逊时代的亚历山大·汉密尔顿那样倾向于贵族化的社会。但是即便是汉密尔顿也承认我们这个国家的生活方式并不是贵族式的。

　　因此，在珍珠港事件前夕，当我们向日本陈述美国对太平洋地区所依据的基本原则时，我们也是在表明自己所坚持的立场。美国人坚信只要朝着已经确立的方向前进就一定都能改善这个不完美的世界。同理，日本人完全信奉"恰当地位"，是因为他们的社会经历在他们心中深植了这样的生活规则。几个世纪以来，"不平等"已是他们适应和熟悉了的生活，承认等级制度的存在对他们来说就如同呼吸那样自然。但是这并不是一种简单的西方式权威主义。现在日本既然已经接受了美国在日本国内等级制中的最高权威地位，我们就更有必要把他们的差异性习惯了解清楚。这样我们才能清楚他们在目前的处境中将要采取的行动。

　　尽管日本在近代有些西化，但它仍然是一个贵族制的社会。日本人之间的每一声问候，每一次接触都必须体现出他们之间社会地位的差异来。当一个人对另一个人说"吃"或者"坐"时，面对熟人或对上下级的用词都不一样。每一种语境都要用不同的"你"，动词也有不同的词根。换句话说，日本人和许多其他亚洲民族一样，有"敬语"，使用时伴有恰当的鞠躬和跪姿。所有这样的行为都由非常细致的规则和惯例决定。一个人光知道对什么人需要鞠躬还不够，还要知道鞠躬要鞠到什么程度。对某个主人来说是一种恰到好处的鞠躬，可能对另一个人来说就是一种侮辱。根据程度不同，鞠躬可以分为很多种，有全身伏地、用前额叩首的大礼，或者轻轻点头或耸肩致意的简单行礼。对此，每个人都必须学习，避免在行礼时出现不合适的差错。

　　日本人在交往时，不仅仅要考虑到等级间的差异，就连性别、年龄、家族之间的关系以及交情都要考虑进去。即使是同样的两个人，不同的场合也会要求不同程度的礼仪：两个相熟的人，平时不用鞠躬；但是当其中的一个穿着军服，另一个穿着平民衣服时穿平民衣服的就需向穿军服的鞠躬。对等级制度的遵循是一种规则，也是一种艺术，需要照顾到许多的因素，某些因素在特定场合会相互抵消，某些场合却需加重。

当然，有些人之间可以不必那么循礼。在美国，家里人之间可以非常随便。一回到家哪怕是最起码的礼仪也放到一边了。而在日本，家庭则正是用来学习和实践礼仪的地方。婴儿还在母亲背上时就会被母亲按着学礼；刚刚学步的幼儿所要上的第一堂课就是如何向父兄致礼。妻子向丈夫鞠躬，孩子向父亲鞠躬，弟弟向兄长鞠躬，姐妹则不分长幼向所有的兄弟鞠躬。这并不只是形式，它意味着鞠躬者承认对方有权决定他的事务，尽管他本人更倾向于自己做主。那些受礼者也同样知道自己接受这种礼仪而给自己带来的某些责任。以性别、辈分及长嗣继承为基础的有关规定是家庭生活等级制度的重要内容。

子女对父母的孝顺是日本和中国固有的一种美德，早在公元六至七世纪，日本就接受了中国关于孝道的系统理论，连同中国的佛教，儒家道义和世俗文化也一起吸收了。但是，孝顺的表现方式则不可避免地被改良了，以适应日本的传统文化结构。中国人至今仍被要求忠于自己的宗族。宗族人口可以数以万计，族长是所有族人的管辖者，并得到族人的支持。中国幅员辽阔，各地习俗各有不同，但是在很多地区所有村落里的人都属于同一宗族。中国有四亿五千万人口，却只有四百七十个姓。所有同姓的人都不反对上溯几百年，彼此都是同宗兄弟的说法，不只是一个地区的人都有可能属于一个宗族，远居外地的家庭也可能是同宗同胞。在中国广东，宗族成员们经常联合起来组建共同的宗族祠堂，定期祭拜供奉多至上千的已故宗族成员牌位，因为他们都源自同一个祖先。每个宗族都拥有自己的土地、房产和庙宇，还有宗族资金，用于有前途的宗族子弟的教育。宗族记录着已经走出去的成员，并刊印精致的族谱，每隔十来年还要更新一次，公布所有有权享受本宗特权的名字。每个宗族都有自己祖传的家法，如果宗族与当局者意见不一致的话，甚至可以禁止把宗族中的罪犯交给国家。在封建时代，对这种具有半自治的庞大宗族，朝廷一般委任外乡人作为统领官员并定期调任。

与中国相比，日本则不同。一直到19世纪中期，只有贵族家庭和武士家庭能够使用姓氏。在中国姓氏对家庭至关重要，没有姓氏证明，就没有宗族，更无从发展。但是在日本只有上层阶级有家谱，即便如此，他们记录的方式也是像美国的"美国革命妇女会"那样，从在世的人追溯其先辈，而不是从古到今地包括所有出自同一祖先的人。这两者区别很大。除此之外，日本还是一个封建国家，个人的效忠对象不是庞大的宗族集团，而是封建领主。领主是长居本地的最高长官，和中国政府任命的外地官员完全不同。在日本，个人看重与藩主的关系，关注自己属于萨摩藩或者肥前藩。

要让宗族制度化，另一个方法是在神社或圣地祭拜远祖或宗族神灵。在日本没有姓氏或家系的平民也可以参加这样的活动，但是日本没有崇拜远祖的仪式。平民们祭拜神社是由所有村民聚集在一起来参加的活动，而不必证明是否有共同的祖先。他们被称为社神的后代，因为他们都生活在社神的领地内。世界上任何一个地方，定居几代以后的村民之间往往都会有亲戚关系，日本的村民也不会例外。但是他们不是由一个共同祖先繁衍下来的有血缘关系的宗族组织。

对祖先的祭拜则另有所在，家里起居室的佛龛通常供奉着六七位近来的逝者。日本所有的人，不论阶层，都同样每天在这个佛龛前行礼，佛龛前摆设食物供奉已故的父母、祖父母及近亲，以示他们的纪念，佛龛里供放着微型墓碑的牌位代表逝去的亲人。在日本人的墓地里，曾祖辈以前的不管是墓还是墓碑都不太被关注，并会很快被遗忘。日本人的家族关系很淡。在这方面，他们似乎和西方社会，尤其是法国人的家族关系很接近。

因此，"孝道"在日本仅仅局限于在世的家庭成员之间。这意味着每个人根据辈分、性别和年龄在一个家族里确立各自的身份和地位，这个小家族往往只包括自己的父亲、祖父、他们的兄弟及后代。即便重要的家族里可能存在比较庞大的亲族团体，大家族也往往分为几支，次子及以下都自立门户。在这个现存的家族成员里，对于本分的规定详尽而又细致，长者在正式引退前必须得到绝对的服从。即使在现在，如果一个男子，其父还在主持家务，哪怕他早已成了人父，也要事事请示父亲同意。父母有权安排子女的婚姻，哪怕子女已经三四十岁。父亲作为一家之主，吃饭时要先用餐，洗澡时第一个享用家庭浴池，对家庭成员行礼也只需要点头致意即可。日本有一个流行的谜语可以这样翻译成一个双关语谜：为什么儿子想要向父母提意见就好比是和尚想留发？谜底是：根本无发（法）。

"各就其位"这句话的含义不仅意味着辈分的差别，也包括年龄的差别。当日本人想要表达毫无关系这个意思时会说"非兄非弟"，就像我们说所说的毫不相干。到过日本的人提到"在日本，长子从小就表现出来一种责任感"。长子很大程度上享有父亲的特权。在过去，他的弟弟们早晚要不可避免地依赖他；现在，特别是在乡镇和村落里，长子往往留守在老家，而他的弟弟们则可以出去接受更高的教育，得到更好的发展。旧的等级制度依然是根深蒂固。

即便是在今天，有关"大东亚政策"的讨论依然体现长子的特权。1942 年春天，一名中佐在代表陆军省发言时，谈及"大东亚共荣圈"这个话题时就曾这样表示："日本是长兄，其他诸国是日本的弟弟。这个事实一定要让占领区的居民彻底明白。对他们如果过于体贴，他们就可能利用这一点危害到日本的统治。"换句话说，他想表达的即是这亲一种含义：兄长要对弟弟们好，但不应该表现出过度的体贴。这无疑表现出一种非常浓重的日本式的傲慢。

另外，在日本的等级社会中，一个人的位置，不论年龄大小，还与其性别有关。日本妻子要跟在丈夫身后行走，地位也低一等。有些妻子在身穿西式服装时会和丈夫并排走并且率先出门；而一旦穿上和服，她们仍然会退到丈夫身后。日本家庭中的女儿只有靠自己，所有的礼物、关心和教育基金没有她们的份。甚至在专为青年女子而建的高等学府里，指定的课程仍主要集中在教导礼仪和举止。她们所受的系统的智力培训完全不能和男孩们相比。有一位女校的校长主张中上阶层出身的学生学习一点欧洲语言，而目的只是将来她们在为丈夫整理书籍时不至于颠倒书的放置。

尽管如此，和大多数亚洲国家相比，日本妇女的自由已是够大了，而且这也不仅仅是西方化的一种表现。日本妇女从来没有像中国妇女那样要裹小脚；现在的印度妇女更感叹日本妇女可以自由出入店铺，逛街市，而不需要遮遮掩掩。日本妇女置办家庭用物，并掌管家庭财务。如有经济困难，她们可以从家里选择东西拿去典当。日本妇女可以指挥家里的仆佣，对子女的婚姻有很大的话语权，当她成为婆婆时，在家庭里的权威会有很大提升，尤其是对儿媳。

在日本，辈分、性别和年龄形成了很大特权。但是行使这些特权的人并不独断专行，反而更像受托人。父亲或长兄要对整个家庭负责，包括活着的、去世的和将要出生的。他必须做出令人信服和有分量的决定并监督其执行。但是他的权威是有条件的，他的行为必须符合家族荣誉，并肩负提醒儿子和弟弟维护家族传统、物质和精神荣誉，不辜负这样的传统的责任。即使他只是一个农民，也祈求家族祖先保佑他的高尚责任。如果他属于地位很高的人，那他家族责任感的分量就更重了，家庭的需求要先于个人的需求。

在家庭需要决定重要事务时，不论什么阶层，都会由家长主持召开家族会议讨论。比方说家庭成员的订婚，家族成员可能分散全国各地但也要赶来参加讨论。在做出决定的过程中，家长不能武断决定，而成员的个人的性格、弟弟或者妻子的建议都有可能影响最终的决定。主事者如果不听取家族意见擅自行动，那么，他就是在给自己找麻烦。对那些被决定了命运的个人来说可能并不情愿。但长辈们却丝毫不予理会，他们自己一辈子都服从家族会议的决定，当然会同样要求小辈们也要服从。这种决定权不同于普鲁士人，在普鲁士，法律上和习俗都赋予了父亲拥有对妻子儿女的绝对决定权。日本人并没从家庭生活中学会重视专制权利，也没有养成服从专制的习惯。服从家族意志的需要产生于另一个崇高的价值观，这个崇高的价值观和每个人都联系密切，那就是忠诚。

每一个日本人首先在家庭里养成等级制度的习惯，并把所学理念融汇于经济生活和政治领域中去。他从"适当位置"的理念中明白要尊重比自己地位高的人，无论他们是不是一个实际的掌权者。即便是一个被妻子支配的丈夫，或者被弟弟支配的兄长，在表面礼仪上仍然得到尊敬。特权阶级之间的地位不会因某些个别现象而改变，它永远牢不可破。因等级制是不容侵犯的，这有时还可以给人带来某些好处，因为他们虽无名份，但有实权。日本人也从家庭生活中了解到，一个决定之所以能够有极大的影响力，是因为家族成员坚信它能够维护家族荣誉。这个决定不是家长一时兴起而强加的命令。家长更像是一个家族共同资产的保护者，这个资产包括精神和物质两个方面，对家族中的每个人都有重要意义，因此，它同时也要求每个人必须服从，谁都不例外。日本人反对在家庭使用武力，但他们对家族的服从意识并不因此而失去严厉，对那些有身份的人的敬意也并不因此而减少。即使家里的长辈们不是很强势，但家族里的等级制度依然能得到有序维系。

美国人处理人际关系的标准与日本人完全不同，当他们读到这些对日本家庭内部等级制度的描述时，并不能理解日本家庭里那种公认的意志源自哪里。他们每个家庭都非常团结，他们是通过什么来达到这种团结的也是本书的主题之一。同时，我们也要了解为什么他们在更为宽广的政治和经济领域同样要求实行等级制度，从而才能明白他们在家庭内部养成习惯的真正原因，理解这一点非常重要。

日本的等级体制体现在家庭关系里，也同样体现在阶级关系中。日本历史上一直都是一个等级森严的社会，并已沿袭了上百年可谓是有其长处也有其短处。这些长处和弱点都极其重要。在日本，等级制是贯穿整个历史的生活准则，但早在公元7世纪，日本曾经向无等级制的中国借鉴生活方式，以适应自己等级制的文化。在公元7～8世纪的时候，中国的高度文明把日本使节惊得目瞪口呆，于是在天皇主持下制定了一个用中国的高度文明来丰富日本的目标。为此他们不遗余力。在此之前日本甚至没有书面语言。公元7世纪时，他们也采用了中国的象形文字，并用来记录自己与中国完全不同的语言。在此之前日本有一种自己的宗教，命名了四万个主管山头村落的神赐福于人，这种民间宗教几经变化延续到今天，成了现代的神道。7 世纪时，日本从中国全面引入了佛教，因为它是一种"护国至善"的宗教。在此之前无论官方还是民间，日本都没有永久性建筑，天皇仿造中国的都城新建了一座都城奈良，并参照中国的建筑模式建了多所宏伟奢华的佛寺和僧院。天皇根据使臣在中国了解到的情况引进了头衔、官阶和律法。一个主权国如此有计划大规模地引进他国文明，在世界各国的历史上都是罕见的。

但是从一开始日本就没有复制中国的社会制度。在中国是将官位授予科举及第的普通人的，在日本则是给了世袭的贵族和封建领主。这些人成了日本等级体制的一部分。日本被分割成很多个半自主的藩地，各地的藩主都互相嫉妒、眼红彼此的势力，因此和领主及其家臣、侍从的特权相关的社会制度才有实际意义。不管日本怎样努力地引进中国文明，但却无法采纳中国的生活方式来取代等级制，比如中国的行政官僚系统，宗族系统等。日本也没有沿用中国世袭的"皇帝"体制。日本对天皇家庭的称呼是"居于云上者"，只有这个家族的人才能成为天皇。但改朝换代在中国是常事，在日本则从来没有发生过。天皇是神圣不可侵犯的。那些把中国文化引进日本的天皇和朝臣们无疑根本无法想象中国之所以这样的内部原因是什么，也没法推测他们进行了怎样的变更。

正因如此，尽管日本从中国引进了各种文化，但它的意义仅仅是为几个世纪的争端开辟了道路，争端的中心就是最后由哪一个世袭的领主和家臣控制着这个国家。到 8 世纪末，贵族藤原氏掌握了统治权，把天皇赶到了后宫。随着时间的推移，藤原氏的统治遭遇了封建领主们的反对，终于使整个国家陷入了内战，最后由一位叫源赖朝的领主打败了所有对手，以"将军"这一古老的军事头衔成为了国家的实际统治者。将军的全称为："平夷大将军"。遵循日本惯例，源赖朝把这个头衔定为源氏家族世袭，直到后代无法压制其他封建领主们为止。天皇成了傀儡，其主要的作用就是主持将军的授衔仪式。他没有民事权力，实际权力掌握在所谓的幕府手中，为了巩固自己的政权，幕府常常以武力打击不听话的藩主。每个封建领主，即大名，都有自己的武装侍从，即武士。武士们听命于大名，他们手持刀剑，为主人时刻准备向敌对的藩主或在位将军们开战。

到了 16 世纪时，日本内乱已经遍布全国。几十年的战乱后，伟大的德川家康战胜了所有对手，于 1603 年成为德川家的第一位将军。将军的称号在德川家传承了两个半世纪。1868 年，将军和天皇的"双重统治"被废除，德川时代宣告结束，日本进入了近代时期。从历学方面来看这个漫长的德川时代无疑是日本历史上最重要的时期之一。它在日本以武装维持了和平，直到最后一代，并施行了中央集权系统，很好地服务于德川氏利益。

德川家康曾面临一个很棘手的问题，但他没找到很好的解决方案。内乱中有些实力很强的藩地领主与他为敌，直到彻底溃败之后才向他低头。这些就是所谓的旁系"外样"大名。德川家康依然让他们统领自己的藩地和武士，事实上日本所有的封建领主在自己的领地上都仍然是个小独立王朝。但是他把他们排除在自己的家臣之外，也不让他们担任重要职务。凡是重要位置都留给了内战中德川家康的支持者们。为了维持这一时期的困难政局，德川氏的策略是防止封建领主积蓄力量，阻止其中可能威胁将军统治的大名联合起来。为了在日本维持和平与德川家的统治地位，德川氏不仅没有废止封建体制，而是一直在强化它，使其更为稳固。

日本的等级划分十分复杂，每个人的地位都是世袭的。德川氏巩固了这一系统，并规定了每一等级的日常行为细节。每户的家长必须在自家门口贴上标明他的等级地位的告示，和有关世袭身份的简介。他的衣、食、住、行的标准，都根据世袭的地位决定。皇族和宫廷贵族以下，日本共有四个等级，按次序由高到低排列如下：武士、农民、工匠和商人。入不了等级的被称为贱民。贱民中为数最多的叫"秽民"，即那些从事禁忌行当的人。他们有捡垃圾的，埋葬死刑犯的，也有剥动物皮和制革的。他们是日本不可接触的一群人，或者更确切地说他们是一群不被当做"人"的一群人，因为连经过他们村落的路段都不计入里程数，仿佛这片土地上无"人"居住一样。他们极度穷困，虽然职业有保障，却不在正式的社会架构之内。

　　商人的地位仅在流民之上。这在美国人看来会感到非常奇怪，但这在日本的封建社会却是真实的。一个商人阶层的存在常会破坏封建制度，随着商人日益发达并受到尊敬，封建制度就会渐渐败落。当德川氏在17世纪下令断绝日本对外交流时，他颁布的是有史以来所有国家都不曾实施过的锁国法令。他们想以此铲除商人的发展。当时日本在整个中国和朝鲜沿海都有贸易，本可以推动整个商人阶层的发展。但德川氏拒绝了这样的机会，因为制造或营运大于某一固定尺寸的船只都可以被处以极刑，而得到许可的小船既不能做航运，也无法运载商品。各藩的边境之间设立了关卡，严格限制货物的进出，国内贸易也因此受到了很大的限制。其他法律也严格框定了商人低下的社会地位。奢侈取缔令对商人的着装，甚至出行拿什么样的伞，和婚丧的开支额度都做了限定。他们不能生活在武士居住的地区。遇到武士用刀伤害时，也不能受到任何法律保护。把商人压制在较低地位的德川政策注定要失败的，而日本当时就是在货币经济基础上运行的，所以它的没落是必然的。而它制定的所有法令和规则的唯一可借鉴的就是要真正的发展就避免它走过的路。

　　要稳定日本的封建制度，是离不开武士和农民这两大阶级的，因此德川政权对这两个阶级做出了严格的规定。在德川家康最终平定内乱之前，大军阀丰臣秀吉已经用其有名的"缴刀令"把武士和农民这两大阶级分离开了。他剥夺了农民的武器，给了武士佩刀的特权。武士不能再兼职农民、工匠或商人。即便是最低下的武士也不能合法地成为生产者，武士阶层成为了寄生阶级，靠从农民身上抽税获得每年的俸禄。大名控制着米租，按份额分配给每个随从武士。武士不必再关心自己的生计，他完全依赖于领主。在日本历史的早期，封建大名和武士之间的纽带是依靠着在不断的藩地战争中结成的；在和平的德川时代，这种纽带则打上了经济的印迹。因为日本的武士和欧洲中世纪的骑士不同，既不是拥有领土及农奴的小领主，也不是历险求财的兵士。他依靠的是固定的俸禄，其俸额早在德川初年时就已确定。日本学者估计过所有武士的平均俸禄大概与当时农民每年所得差不多，仅够勉强糊口。对武士家庭来说最不利的就是要有几个继承人来平分一份固定的津贴，因此武士家庭都限制自己的家庭人口。他们最讨厌的就是靠财富和炫耀赢得的声望，所以他们在武士准则中非常强调把节俭当作最高美德。

　　日本的武士和农民、工匠和商人三个等级之间存在着一道鸿沟。后三个等级是"庶民"，武士不是。武士们凭着特权佩刀，刀代表着他们的等级，而不仅仅是装饰。他们有权对平民用刀。德川时代之前的武士们的传统，德川家康则用法令把它合法化了："对武士无礼或对上司不敬的平民可就地斩首。"德川家康从来未考虑过在庶民和武士这两个阶层间建立起互相依靠的关系。他的政策是建立在严格的等级制度基础上的。两个阶级都由大名统领，但他们又仿佛处在不同的阶梯上。每个阶梯的上上下下都有自己的法律、规定、管理和义务，两个阶梯上的人之间则只有距离。情势所迫时这两者之间的分隔曾一次次被打破，可那符合体制。

在德川时代，武士的职能已悄然有了改变，他们已经不仅仅是舞刀弄剑的武夫，他们中有的已成为各自领主产业的管事，有些则成为精通戏剧和茶道等风雅艺术的专家。有的还负责掌管各种礼仪，大名的种种密谋也都由他们来执行。在长达两百年的和平时间里，个人使用武力是十分有限的。就像商人们在等级规定的限制下，依然发展出一种追求舒适高雅的城市生活方式；武士们尽管随时可以拔刀相向，但在这个过程中也学到了各种风雅的技艺。

农民们尽管在法律上无法反抗武士，又身负沉重的米粮税，行为上也受到种种限制，但是他们还是受到了某种程度的保护。比如：对田地的所有权受到了保护，而在日本，拥有田产才有威望。在德川氏的统治下，土地不得转让是对耕种者而言的，与欧洲的封建社会不同，这条法律保护了耕种者的利益，而不是封建领主的利益。农民对自己最为重视的东西拥有永久的耕作权，这就让他们培养了勤勤恳恳、不辞劳苦地耕作的美德，直到今天他的子孙们依然以同样的态度耕种稻田。尽管如此，农民就像是传说中撑起地球的大力士阿特拉斯，他们养活了约两百万的上层寄生阶级，其中包括了将军的幕府，大名的各种府邸机构，以及武士。农民们被课以实物税，也就是说，他们把自己收成的一定比例上交给大名。相比另一个水稻国家泰国，它传统的赋税是10%，而在德川氏的日本则是40%，实际上甚至更高。有些领地的税高达80%，农民还要经常被征用或服徭役，这极大地消耗了他们的时间和精力。与武士们一样，农民因此也不得不被限制家庭规模，整个日本的人口在德川氏执政的几百年里几乎保持不变，对一个处在长期和平的亚洲国家而言，停滞的人口增长现象很能说明一些问题。统治阶级对武士和农民采取了斯巴达式的苛刻限制，但是每个依赖者和上级之间的关系相对而言却比较可靠。每个人都知道自己的义务、权利和地位，如果这些权利、地位受到了侵犯，最底层的人也会提出抗议。

即使处于极度的贫困状态，农民们也会向封建领主进行反抗，有时甚至还会向幕府的执政者反抗。在德川执政的两个半世纪里，至少有一千起这样的抗议。抗议的起因并不是关于农民收入如何按比例分成的问题，而全都是反对额外的附加税。一旦超过农民的忍耐限度，农民们就大量聚集游行反对领主，但是这种请愿和官府的审判是有秩序的。农民们需起草正式的、要求公正的请愿书，上交给大名的内臣。如果请愿书被中途截走或者大名置之不理，他们就派代表上首都向将军府递交状纸。在一些著名的案件中，农民们为了保证诉状能送到官府，有时他们会趁江户城内的有些高官坐轿过街时把状纸塞到轿子里。对于农民冒险递交的诉状，幕府的官员会在收到状纸后进行调查，官府的判决结果会有一半利于农民。

但幕府对农民们的申诉受理了，甚至还做出了有利于农民的判决，但这并不意味着这是合法的。农民们的抱怨也许事出有因，政府满足他们的要求也有利于自身，但是这一举动依然违反了严格的等级有别的法律。不管判决结果如何，这一点不能被改变。他们因此将被判处死刑，他们行为的正确与否与此毫无关系。但那些受罚的农民也甘愿为此赴死。被判刑的人会被看做是英雄，当人们大量地涌到刑场看着领头者在这里或被滚油烫死，或被砍头，或被钉上木架，他们不会暴乱。因为这就是法律和秩序。他们也许会在事后为死者修建祠堂，把他们当作烈士供奉，而农民们接受死刑，这是他们赖以生活的等级制度的要求。

简而言之，德川的将军们试图巩固每个藩地里的等级结构，让每一个阶级都依赖于封建领主。大名处在每个藩地等级结构的最高点，他可以对所有管辖的人行使特权。而困扰将军的最大难题就是如何控制大名。阻止他们之间进行联合或实行侵略计划。各藩地的边境设有官员检察通行证并征收关税，对"出境的女子和入境的枪炮"严格把关，以免有大名把自己的姬妾送走，并走私武器入境。而大名之间的联姻都必须得到将军的许可，以免联姻导致危险的政治合作。藩地之间的贸易活动更是重重受阻，以至于到了"有桥不能过人"的地步。将军密布眼线，对大名们的开销情况也了如指掌。一旦哪个大名库存富裕起来，将军就要向他摊派巨额的公共工程，以控制其资源的膨胀。所有规定中最引人关注的就是每个大名必须每年在江户居住半年，他们可以回到自己领地，但妻子还要留在江户作为将军的人质。通过上述种种手段，当政者保证了自己的优势，确立了自己在等级制度中的统治地位。

当然，将军并不是这个庞大建筑中的中流砥柱，因为他是以天皇授命的方式来执政的。天皇及其世袭的宫廷贵族们被孤立在京都内与世隔绝，并没有实权。天皇的收入甚至还不如大名，宫廷礼仪也得严格遵守将军的规定。而当时最强大的德川将军并没有任何要取消这种天皇和摄政者双重统治的意思。这种双重统治在日本并不是新鲜事。自从 12 世纪以来，将军就以天皇名义统治国家，而天皇则没有实权。经过几个世纪，这种双重统治的职能演变到了现在这种极端的地步：一个有名无实的天皇把权力委托给一个世袭的世俗首领，而真正的执行者则是那个首领的世袭顾问。这种层层委托的现象非常普遍。直至在德川统治接近崩溃的时期，美国海军指挥官佩里也没想到要征询天皇的意见。他们早已忽略了将军背后还有天皇的存在。我们的首任驻日公使唐森德·哈里斯，在1858年和日本谈判第一个通商条约时，才慢慢在谈判中悟到，实权者的背后还有一个天皇。

事实是，日本对天皇的定义在太平洋地区的岛群中常常出现。天皇是神圣的首领，却不一定参与日常管理。而有些太平洋岛群的首领却直接参政，另有一些岛群的首领则授权给别人。但是不管是直接管辖还是授权管辖，有一点是不可改变的，那就是首领本人是神圣的。新几内亚的部落中，头领是绝对不可冒犯的，他非但不自己进食，就连吃饭也是由别人来喂，而且喂他时所用的调羹也都不能碰他神圣的牙齿。他出国时必须时刻由人抬着，因为一旦他的圣足踏在哪块土地上，那地方就自动成为圣地，归他所有；他的头尤其尊贵不容任何碰触；他的话能直达部落神灵。某些太平洋岛群上，例如萨摩亚岛和汤加岛，神圣头领完全与世俗生活脱离。所有的政务都由一个世袭的顾问来料理。詹姆士·威尔逊曾在18世纪末到过位于东太平洋的汤加岛，他所记录的情景和日本所采取的情况很相像，神圣的皇帝都成了某种程度上"军事首领的政治犯"。汤加岛的神圣头领并不负责公共事务，只是执行宗教仪式的任务。那里收获的第一批果实必须供给他们，由他们执行一个仪式之后人们才能开始食用。一旦神圣头领去世，讣告中要称其"上天空了"。他会被隆重地葬在皇室墓地，尽管从未参与过政府管理。

尽管天皇没有任何政治权力，好比"军事首领的政治犯"，但在日本人的思想中，他在等级制度中占据着"恰当地位"。对日本人来说，天皇是否积极参与日常事务，并不是用来衡量他地位的标准。天皇在京都的宫廷对他们来说也很重要，因此虽经数世纪征夷大将军的漫长统治但却保存完好。只有在西方人的眼里，天皇的角色才显得多余。日本人对这个问题的看法就很不同，因为他们在各个方面都习惯了等级制度中对各个角色的严格定义。

　　从贱民到天皇，日本封建时期对等级制度的严格界定对近代日本产生了巨大的影响。毕竟，封建统治在75年前才宣告结束，深入人心的国民习性则很难在短时间内改变。尽管国家的目标急剧在发生着变更，但近代日本的政治家们仍在处心积虑地幻想保存现有制度。相比其他任何主权国家，日本人都更加习惯生活在连每一个细节都有章可循，个人地位被明确规定的世界里。两个世纪以来，日本的法律和秩序都是靠铁腕和强权来维系的，而日本人却坚信这是他们生活的安全和保障。只要他们不出格，安分地履行自己的义务，这个世界就是安全的，他们也是安全的。盗贼得到了控制，大名间的内乱得到了防止。如果臣民能够证明他人有逾矩行为，就能够像农民受剥削时那样上诉。这对个人而言虽有风险，但被允许。德川政权中曾有一位明智的将军甚至设立了申诉箱，供市民投递抗议书，而申诉箱只有将军本人才能打开。这些都是有意义的举措，它保证日本国内有违规的行为会及时得到矫正。每个人只要信赖并遵循这个制度就能获得安全。勇气和正义体现在对制度的遵守上，而不是对它的修改或反对上。在标明的范围内，这个世界制度明确，因此在日本人眼里也就是可靠的。它的规定不是戒条那样抽象的道德标准，而是有细致地说明，比如：武士与庶民该怎么行事，守哪些规则，长兄面对幼弟或幼弟面对长兄该如何行为都有具体规定。

　　有些国家在强大的等级制统治下变得懦弱可欺，日本却不是。我们要认识到这是因为在日本每个阶级都有相应的维保措施，这一点非常重要。即使是贱民也有垄断各自行当的保障。

日本的等级制具有一定的灵活性，这一点与印度不同。你只要不破坏常规，就可以用好几种方法来改变自己的等级地位，而不至粗暴违背惯例。在日本的货币经济下，放贷人和商人理所当然地富裕起来，有钱人就利用各种传统手段来渗入上层阶级。他们通过抵押和出租来成为"地主"。农民和土地虽然受法律保障不可分割，但是日本农场的佃租非常高，因此对地主而言，让农民留在土地上是有利可图的。地主就定居在一处收取佃租，这样的土地"所有"权在日本让人名利双收。这些人的子女通过和武士通婚，就成了士绅。

另一个等级体制可利用的方法是收养。通过收养花钱购买武士地位。尽管德川政府有着诸多限制，但随着商人们渐渐地富裕起来，他们就想提升自己的社会地位，于是，他们把儿子过继给武士家庭当养子。日本人很少收养子，通常都是为女儿招收上门女婿，称为"赘婿"。他会成为岳父的继承人，但是付出的代价也不小，因为他将被自己家的户籍除名，而加入妻子家的户籍，改姓妻子的姓，并跟岳父母一起生活。代价虽高，好处也是巨大的。富商子弟有了武士身份，而贫困的武士家庭则有了有钱的姻亲。等级制度既没被破坏，双方又皆大欢喜。

这一等级制中的灵活性造成了富足的商人渗入到下级武士阶层，这一现象显然是拉开了日本和西欧的差异。欧洲封建制度的崩溃是因为来自日益强大的中产阶级的打击，并最终由其统治了近代的工业时代。而在日本，并没有产生过强大的中产阶级。商人和金融者通过合法手段"买"来了上层地位，商人和下级武士形成了联盟。不能不令人赞叹的是，当欧日的封建制度同时面临灭绝的威胁时，比起欧洲大陆来说，日本在更大程度上允许了等级之间的流动。日本社会没有发生过贵族和中产阶级之间的尖锐对立就是最好的证明。

　　这两个阶级达成的共同目标对双方来说是互惠互利，这是有事实依据的，这样的情况在法国出现过，在西欧也有个例。但是从总体来说，欧洲的等级制缺少灵活性，阶级间的摩擦导致了法国对贵族财产的没收。而在日本，阶级间的距离不大，最终推翻衰落幕府的就是商人、金融家和武士之间的联盟。近代日本的贵族体制得以保留，是允许阶级间流动的结果，否则这种贵族体制几乎是不可能存活的。

　　日本人固守其细致而又明确的行为体系是有一定原因的。因为它也照顾到了民众的利益。这个系统也允许对非法的侵犯提出抗议，只要手段得当还能利用它为自己谋利。而且它规定了义务是相互的。当德川政权在19世纪上半叶垮台时，日本没有一个团体反对这种系统。在这里没有发生像法国那样的大革命，连类似1848年"二月革命"的事件也没有发生。然而那也是一个令人绝望的时代。从平民到将军，每个阶层都欠了放贷人和商人的债。已无法维持庞大的非生产阶级的生计和巨额政府开支了。逐渐为贫困所扰的大名们开始无力支付随从武士的俸禄，整个封建关系网成了空架子。大名们试图通过增加农民们的租税来来转嫁危机。他们提前征收几年的税，使农民们陷入了极度的贫困。幕府也已破产，无力维持现状。1853年当海军司令佩里和他的士兵们来到日本时，整个国家基本已濒临绝境。日本已根本无力抗拒，于是在1858年和美国签订了通商条约。

　　当时日本举国上下的呼声是"一新"，即追溯过往，恢复王权。这和革命正相反，甚至根本不是进步。和"复皇"口号相呼应的是同样得人心的"攘夷"口号。全国都支持的政纲旨在回到闭关锁国的年代，只有极少数的领头人意识到这条路是根本行不通的，但他们却为此遭到暗杀。应该说让日本这个不具革命性的国家改变道路去效仿西方模式几乎毫无可能。更不用说他们会不用五十年开始和西方国家竞争了。但是这一切真的就发生了。日本运用自己的长处达到了一个令很多高层人士和一般舆论都没提出过的目标。19世纪60年代的西方人即使通过水晶球看到了未来也不会相信，天际连巴掌大小的云都没有，而后的二十年却有一场席卷日本的暴风雨。尽管如此，不可能发生的事到底还是发生了。日本落后而又被等级制所累的民众突然走上了新道路，并且坚持了下去。

第四章　明治维新

　　"恢复天皇，驱逐蛮夷"口号的提出宣告了日本近现的开始，这一口号提出的目的是使日本免遭外部世界的影响，恢复 10 世纪以前天皇和将军"双重统治"的黄金时代。近代的日本，天皇朝廷极为保守。天皇的支持者认为：保皇党的胜利即意味着羞辱和排斥外国人；恢复日本的传统生活方式；剥夺"改革派"即日本的大名，在国内外事务上的国事发言权。"改革派"是倒幕派的先锋，他们的目的是借"王政复古"取代德川氏，由自己统治日本。农民们盼望能多留一些稻米，但讨厌"改革"。武士阶层则希望能保住他们的津贴，并能挥刀上阵建立功业。商人为王政复古派提供财政支持，其目的是张扬重商主义，但从不非难封建制度。

　　1868 年幕府被推倒后，"双重统治"时代结束。以西方的标准来看，胜利者会推行一种极为保守的闭关锁国的政策，然而，一开始，新政府所推行的就是与保守派背道而驰的方针。不到一年，新政府就废除了大名可以在自己封地的征税权。它收回了版籍和土地册，把原来大名收成的四成收归政府。但这种收缴不是无偿的，政府收缴大比例收入的同时，向大名发放了相当于过去一半的俸禄；同时，新政府还为大名免去了供养武士和承担公共设施的费用。从此，武士也和大名一样从政府领取俸禄。在随后的五年里，确立了一系列的新政，它包括：所有等级间的不平等都被废除，等级和阶级的徽标和服饰标记被废止，颁布了"散发令"，贱民获得解放，禁止土地转让的法令被废除，撤除了藩与藩之间的关卡，佛教的特殊地位被取消。到1876年，政府向大名和武士一次性发给5至15年的秩禄公债，以取代过去的俸禄。这一次性的补偿金额标准，根据其在德川时代所获俸禄的额度来定。这笔钱足以能够让他们能在新的非封建性经济秩序里兴办一些实业。"早在德川时代，商业金融巨子与封建土地贵族的特殊结合已然成形，最后确立则是在明治时期。"

新生的明治政府的这些改革措施开始并不得人心。从1871年至1873的两年时间里，公众对侵略朝鲜的热情，远远胜过对这些改革举措的热情。但是明治政府不仅坚持继续改革，而且还否决了侵略朝鲜的计划，并没有顺从民意，因此，到1877年，致使对立派领袖西乡隆盛发动了大规模的反叛。他的军队代表了尊王派的愿望；而在"王政复古"后第一年，明治政府就背离了这种愿望。政府招募了一支由一般平民组成的义勇军，击溃了西乡隆盛的军队。这次叛乱是一个风向标，它表明明治政府的改革措施激起了民众的强烈不满。

农民的不满同样令人注目。从1868年到1878年，也就是明治的最初10年间，农民起义超过了190起。此外，农民还反对兴办学校、实行征兵制、丈量土地，不满散发令和给贱民们法律上的平等；官方对佛教的限制、历法改革和其他许多举措也引起他们的反感，因为这一切改变了他们久已习惯的生活方式。

那么，热衷于这些有许多人反对的改革的究竟是一些什么人呢？

他们是下层武士和商人的"特殊联盟"，这是日本特殊体制形成的联盟，产生于封建时代。这些商人都曾是大名的心腹管家，他们经营过封建时代的垄断企业如矿山、纺织厂、纸板厂等。还有一些购买到武士地位的商人，他们把生产技术知识普及到武士阶级。武士和商人的联盟很快就推出了具有领导和管理能力的人走向前台，他们干练、自信，由他们制订维新政策、策划政策的实施。但真正的问题并非他们来自什么阶级，而是什么样的经历促成的他们如此精明能干、讲究实践。19世纪后半叶，日本刚刚脱离中世纪，国力虚弱，犹如今日的泰国。这个弱小的国家，却能产生如此精明的一群政治精英，他们酝酿并实施着具着高远战略的大政方针，完成了文治武功的壮举，任何民族都罕有过如此情况。这些领袖的长短强弱皆源于传统的日本国民性。

此时明治的政治家们根本不认为自己的任务是意识形态革命，而只是将他们视为常规的工作而已。他们构想的目标是把日本建成一个举足轻重的强国，让人另眼相看。他们不是圣像的破坏者，他们既不痛斥封建阶级，也不使之沦为乞丐，他们用俸禄引诱封建阶级，最后让他们反过来支持政府。他们最终改善了农民的生活条件。明治头十年，农民难以休养生息，其原因是政府无力顾及，而不是无意顾及。

不过，明治的政治家们并不是摒弃一切等级制的思想，而是通过"王政复古"运动将天皇推到顶峰，废除了幕府，简化了等级制。此后通过撤藩，消除了忠于藩主和忠于国家之间的冲突，当然，这些变化并未动摇等级制的根基，只是给了它一个新的位置。为了强加他们精心构建的政纲，那些新领导"阁下"加强了中央集权。他们恩威并重，自上而下，推行新政。但他们从未打算过去迎合公众舆论，虽然公众不赞成改革历法，赞同兴办公学或废除对贱民的歧视，等等。

恩威并重的方法之一就是 1889 年天皇赐于国民的《日本宪法》。《宪法》赋予了国民在国家的地位，并设立议会。这部《宪法》是"阁下"们通过对西方各国宪法的考察，经过批判研究，精心拟定的。它的起草者"采取了一切预防措施，杜绝民意干涉，防止舆论侵扰"。起草《宪法》的机构是隶属皇家内务部的一个局，因而是神圣不可冒犯的。

明治时期的政治家们十分清楚自己的目标。1880 年，《宪法》草拟者伊藤博文公爵专门派遣金子坚太郎子爵前往英国，就日本面临的问题，请教斯宾塞。经过深入的交谈，斯宾塞将自己的意见以书面形式交转给了伊藤。关于等级制，斯宾塞写道：日本的传统习俗为国家的良好发展奠定了无以伦比的基础，应当加以维护和培育。他说，对长辈的传统义务，尤其是对天皇的传统义务，对日本来说是一笔可贵的资源。日本将在"长者"的领导下稳步前进，能克服前进道路上的种种困难。斯宾塞的意见坚定了明治政治家的信念，使明治政府十分满意。他们有意在现代世界中保存日本那种"各安其位"的长处。所以，他们在改革中并没有破坏等级制的习俗。

无论是在政治、宗教或经济领域，明治政治家都十分强调国家和人民之间"各安其位"的传统义务。他们的整个义务的安排却与美国和英国的安排完全不同，所以我们常忽视这些基本点。当然，自上而下的强力统治不必听从舆论。政府掌握在封建等级制的最上层人物手中，由选举产生的人物是不能参与决策的。在这个顶层中，人民没有一点的发言权。在 1940 年，政府最高层官员都是可以"谒见"天皇的重臣、天皇身边的顾问、握有天皇玉玺委任状的官员。天皇任命的官员包括阁僚、府县知事、法官、各局长官及其他高官。而由选举产生的官员没有这样的待遇。比如，在遴选、任命内阁成员及大藏省或运输省官员的事务中，选举产生的议员就没有什么发言权了。普选产生的下院代表国民的意见，虽然有对政府高官提出质询和批评的某种特权，但对任命、决策或预算等却没有真正的发言权，也没有立法权。下院受上院制约，上院不由选举产生，其中的议员一半是贵族，另有四分之一由天皇钦定。上院与下院对法律的批准权有平等的权利，这也是一种等级制的钳制。

但是，尽管日本确保了政府高位掌握在"阁下"们手中。但这并不意味着，在"各安其位"的体制下就没有自治。在所有亚洲国家中，无论其政权如何，自上而下的权威与自下而上的地方自治都会在中途相遇，途中发生碰撞。各国的差异仅限于责任达到什么程度，责任的多少，国家对地方的管理存在多大的自由空间，在多大程度上能防止地方大员对民众的损害。与中国一样，德川时代日本的最小社会单位是被称作"邻组"，包括5至10户家庭。"邻组"的组长负责组内的事务，包括：确保成员行为的端正，报告可疑行为，递解通缉犯等。起初，明治政治家们废除了这一基层组织，后来又予以恢复。在一段时间内，市镇政府还曾积极培植"邻组"，但今天的农村，"邻组"已无实际价值。而"部落"则显得重要了起来，这一单位既没有被废除，也没有被纳入行政体系。它是国家权力的一个盲点。"部落"约有15户人家，直至今日，仍然组织严谨，部落长每年轮换。部落长的任务是"管理部落财产；每遇丧葬、灾害之类变故时，负责给予援助；凡是农事、盖房、修路等要务，都由部落长做出安排和决定，一遇火警则摇铃示警；休息日则敲击梆子示警"。与其他亚洲国家不同的是，日本的部落长不负责为国家征税。其地位不涉及爱恨情仇的矛盾，他们只在民主范围内行使责任。

在近代，日本的地方机构划分为市、町、村三个等级。由公选的

"长者"们推选一位首领，他以本地代表的身份与国家打交道，国家的代表则是中央政府和府县公署。在农村，这位首领必须是村里的老住户，并拥有自己的土地。他尽义务，经济上略有所失，但威望却因此很高。他与"长者"负责村里的财务、公共卫生和学校的维护，尤其负责财产登记和村民的个人档案。村公所事务繁忙，掌管国家的拨款和本地的募款，国家为所有儿童提供的初等教育补贴由村公所监管开支，本地的教育募款和开支更多也由村公所负责。此外，村里共有财产的管理和租赁、土地改良和植树造林也由村公所负责。一切财产交易都必须在村公所登记才能生效。凡是本地居民，村公所都要负责为其建立档案，包括其住址、婚姻、子女出生、领养、有无犯罪前科等详细资料，每户家庭也要保留同样的资料。日本各地有关个人的资料都进入他本人家庭所在地的档案。每当求职或受审时，或被索要身份证明时，当事人都必须写信请原籍地提供书面副本，或亲自回家索取副本，提供给有关部门。为此，每个人都很关注这一点，都不愿意给本人或家庭的档案留下污点。

因此，市、町、村均有重大责任。这是一种共同体的责任。20世纪20年代，日本有了全国性政党。凡属这样的国家，都有各政党轮流执政的情况。但日本的情况不是这样，地方行政机构并未受到影响，仍然由"长者"领导，他们为社区服务。不过，在三个方面，地方行政机构却没有自治权：法官由国家任命，警官和教员都是国家雇员。民事案件多半靠调停人或中间人协调解决，所以，法院在地方行政里的作用不大。相比而言，警察的作用突出。每逢有集会，他们必须到场。但这种任务偶尔才有；他们的大量工作是用于登记居民的个人档案和财产上。政府常常让警官调岗，以避免其与当地人的关系过密。教员也常有调动。国家对学校的管理同法国一样，每个学校都在同一天用同样的教本，上同样的课。在每天早晨的同一时间，收听同一个电台，做同一套体操。学校、警察和法院不受市、町、村自治权的管辖。

可见，日本的各级政府机构与美国的政府机构有天壤之别。在美国，民选推举的官员肩负最高的行政和立法责任，地方的管理由警察和警署来行使。不过，与全然西方的荷兰和比利时等国相比，日本的政府机构却与之有相同之处。例如，和日本一样，荷兰的法律由女王的内阁部长起草，而不是国会。由女王各级行政长官，其权力直达地方事务，胜过1940年以前的日本。但是，女王实际上总是尊重和批准地方的提名，可这丝毫不能怀疑女王法律上掌管绝对的任免权。警察和法院直接对君主负责。在荷兰，任何宗派团体都可以创办学校。但是日本的学校制度几乎和法国的学校制度完全一样。在荷兰，运河的开凿、农田的开垦、地方事务的改革大体上都是地方社区的责任，而不是当选市长和官员的责任。

其实，日本政府和西欧各国政府之间的差异，并不在于形式，而在于其职能。日本人倚重的是建立在历史经验上的古老的敬畏习惯，他们将其提炼为伦理系统，固定于行为举止规范中。只要那些"阁下"各安其位、各谋其政，他们的特权就会得到尊重。这不是因为其政策得到人民赞许，而是因为破坏了等级界线就是错误。在决策的最高层，"公众意见"是没有什么作用的。政府所求的就是"公众支持"。即使国家越过官方划定的界线而干涉地方事务，其裁决也会被接受。对于发挥各自内政职能的国家政府在美国人眼里是不必要的麻烦。而在日本人的眼里，则是至善至美。

另外，日本政府还十分注重人民意志，使之"各得其所"。在依法行政的公共领域，即使是为了公众的利益，政府也还是恳求民众，希望得到其支持，这样说绝不是夸张。比如，负责振兴农业的官员在改进农耕法时，并不是强力推行，经过与我们爱达荷州的同行们无异。官员以政府担保为前提，提倡农民建立信用合作社或供销合作社；总是要和地方名流举行漫长的深入交流，并尊重他们的决定。地方的事情需要地方管理。日本人的行政方式是很特别的，就是给予适当的权威，界定适当的范围。如此，与西方文化相比，日本的"上级"更受尊重，他们也获得了更大的行动自由，但他们也必须严守自己的本分。日本人的格言是："万事万物，各得其所。"

在宗教领域，明治政治家做出的安排，与政治制度相比更为离奇。不过，此举仍然是在践行那条日本格言。国家往往把宗教信仰置于自己的管辖之下，将其视为国家统一和民族优越的象征，其他信仰则听凭个人自由。受到国家管理的宗教就是国家神道。它与敬重民族象征有关，就像在美国敬重国旗一样。日本人说，国家神道不是宗教。所以，日本可以要求全体国民信奉国家神道，并不认为这违反宗教信仰自由的原则，就像美国政府要求人们对星条旗敬礼一样。这仅仅是忠诚的象征。因为国家神道"不是宗教"，所以日本人可以在学校里教授它，不必担心会受到西方的批评。这样，国家神道成了学校传授的历史，成了对天皇的崇拜，天皇成为了"万世一统"的主宰。国家神道由国家支持，受国家管理。至于其他宗教，甚至其他教派的神道或祭祀神道，则听任个人意愿，更不用说佛教和基督教了，这一点和美国很像。这两种不同领域的宗教甚至在行政上和财政上都是分开的：国家神道受内务省神祇局管理，它的神官、祭祀、神社等费用均由国库开支；其他教派的神道以及佛教、基督教教派则由文部省宗教局管理，其经费靠教徒的个人自愿捐献。

由于日本政府在这个问题上的官方立场，决定了人们不能说国家神道是一个庞大的国家宗教，但可以说它是一个庞大的机构。它拥有十一万多所神社遍布各地，从祭祀天照大神的伊势大神宫到地方小神社；小神社平日无人打理，到了特别祭典时才有神官去打扫，以备祭典。神官系统与政府系统并列，等级分明，从最底层的神官到各郡、市和府、县的神官，直到最高层被尊为"阁下"的神官。阶层越高，权威越大，而他们的职能是为民众举行仪式。国家神道的祭祀不同我们去教堂礼拜。因为它不是宗教，法律禁止神官宣讲教义，所以不可能有西方人理解的那种礼拜仪式。相反，它的过程是这样的：在持续几天的仪式上，町、村的代表参拜神社，列队站在神官面前。神官手举扎着麻绳和纸质飘带的"币帛"，在其面前挥动，为其祛邪。然后，神官再打开神龛的内门，高声呼叫，召唤众神享用供品。神官祈祷，参拜者们按身份排列，鞠躬行礼，并献上神圣的小树枝，上扎纸条；这样的祭祀，从古到今都是一样的。然后，神官再一次高声送神，关闭神龛内门。而在国家神道的大祭祀日里，天皇要亲自为国民致祭，政府部门放假休息。但这些假日不是群众性的大节日，不像地方神社的祭祀日，也不像佛教的祭祀日。地方神社的祭祀日和佛教的祭祀日都属于"自由"祭祀的领域，不在国家神道范畴之内。

在这个"自由"祭祀的领域里，日本人按照自己的教派和节日举行祭祀活动。日本的佛教信徒众多，而且非常活跃，随处可见，各宗派都有自己一套独特的教义和开山祖的教谕。在国家神道之外，其他神道也有不少教派。早在20世纪30年代政府推行国家主义以前，有些神道教派已经成为纯国家主义的堡垒。另有一些教派把自己比作基督教科学，它们推行信仰治疗的方法，有的信奉儒家教义，有的则专事神灵附体，朝觐圣山神社。民间的祭祀节日常游离于国家神道之外。在这种节日里，老百姓都涌至神社，每个人都用漱口来净化自己，并通过铁绳敲钟和拍手和召唤神的降临，然后鞠躬行礼，礼毕再次撞钟、拍手，送回神灵。祭祀完毕，离开神社之前，才开始这一天的主要活动。他们光顾小摊，买小玩意，看相扑、傩舞、神乐舞，小丑的插科打诨活跃气氛，人人都喜欢看热闹。有位旅居日本的英国人说，这样的祭祀活动总使他想起威廉·布莱克的一首诗：

　　去教堂礼拜，若赐我几杯啤酒，

　　使我舒怀、欢心，

　　我将纵情高歌，大声祈祷，

　　绝不叛教堕落。

　　除了少数献身于宗教的专职神职人员，日本宗教并不要求信徒清心寡欲。他们热衷于朝圣，并将这视为休闲之旅。

　　因此，明治政治家仔细审定了国家的施政范围，以及国家神道的宗教领域。其他领域则交给民众去管理，但他们要确保自己在新的等级制中身处高层，在涉及主宰国家大事的决策中有决定权。在创建军队时，他们也面对类似的问题。正如在其他领域一样，他们摒弃旧式的等级制，军队的改良比平民生活中的改良更为彻底。尽管在军队中实际上保留了一些旧传统，但在军队中取缔了敬语，当然，有一些旧的习惯用语还是得以保留。军官的晋升凭的是业绩，而不看家庭出身，在军队中，一个人可以上升到在其他领域无法达到的地位，正因为如此，军队在日本人中享有很高的声誉，显然这种荣誉是当之无愧的。无疑，这也是新军队赢得民众支持的最好办法。另外，军队中的中队和小队的兵员全系乡邻，和平时期的士兵离家不远。这就是说，士兵与家乡保持联系，而且，在服役的两年间，军官和士兵、老兵和新兵的关系取代了武士与农民、富人与穷人的关系。在许多方面，军队在许多方面起到了民主的促进作用，成了真正的人民军队。在大多数国家中，军队都被当作维持现状的工具。相反，日本军队同情小农，常支持其向大金融家和企业家发起抗争。

至于建立这样一支子弟兵军队的后果，日本政治家不完全都赞成。他们并不认为，在军队建设的底层去确保军队在等级制中的最高地位是合理的。为了确保军队能达到这一目标，他们主张在最高层采取措施。但他们并未将其写入宪法，而是遵循传统惯例：保留了日本军部独立于政府的地位。比如，与外务省及内政各省大臣不同，陆军大臣和海军大臣有权直接谒见天皇，能以天皇的名义强制推行自己的政策和措施。而无须向文官内阁人员通报情况，也不必与其协商。除此之外，军部还可以监督内阁其他成员。若不信赖内阁能力，他们就可以阻止内阁的成立，办法很简单：拒绝委派陆海军将领入阁。按宪法规定，内阁中如果没有现役的高级将领担任陆海军大臣，是不能成立的，因为文官或退役将领是不能担任陆海军大臣的。同样，如果军部对内阁的任何举措不满，只需召回军部在内阁中的代表，他们就可以使内阁解体。在这个最高决策阶层，军部首脑是不容他人染指的。如果还需要更多的保证，宪法还有一条规定："如果帝国议会未通过政府所提的预算案，上一年的预算就自动生效，政府的本年度预算就循例实施。"比如：外务省保证日军不占领满洲，而关东军还是占了中国东北。军部首脑趁内阁意见不一致时，完成了这一行动。军界和其他各界一样，就等级特权而言，日本人往往接受一切后果，这并不是由于他们同意该项政策，而是由于他们在特权问题上不赞成逾越界限。

在工业发展领域，日本所走的道路也与众不同，不见于任何西方国家。这些举措也全都是"阁下"们的杰作。他们还不仅是策划，他们还用政府财政创办企业，按自己的需要决策。由一个政府机构来组织并经营这些企业。他们引进外国技术人员，委派本国人到国外去学习。后来，按他们所计划的，当这些企业被很好地组织起来，且越来越兴旺时，就将其转让给私营经营。这些企业逐步以"极低的荒唐价格"出让给精心选定的著名的金融寡头、财阀，著名的有三井、三菱两个家族。日本政治家认为，工业发展对日本至关重要，不能相信供求法则和自由竞争。但这一政策并不是社会主义理念；获得丰厚利润的正是那些财团。日本的成就是：以最小的失误和浪费，建立起它认为急需的产业。

如此，日本对"资本主义生产阶段的出发点和继后阶段的正常顺序"做了修正。它不以消费品和轻工业生产起步，而是先搞关键性的重工业。优先发展军工、造船厂、钢铁厂、铁路建设等行业，并迅速提高其技术和效率。但这些企业不通过私人经营，庞大的军事企业仍由官办，由政府特别拨款。

政府给予了工业优先发展权，小工商业者和非官僚经营者不能介入。唯有国家和受国家信任而在政治上享有特权的大财阀世家，才能在这个领域经营。但正如日本人生活中的其他领域一样，产业界也有自由领域，这些领域是指一些投入少能够最大限度利用廉价劳动力的产业。不用现代技术，这些轻工业也能生存，且活得很好，这种产业在美国被称为"家庭式血汗工厂"。一位小本经营的制造商买进原料，先贷给一个家庭工厂或只有四五个工人的小作坊加工，再收回产品，再贷出，几次往复后，最后把产品卖给商人或出口商。20世纪30年代，在日本的工业雇员中，53%以上是在这种小作坊或家庭作坊里工作，其雇员不到5人。这些工人受古老父子式的学徒制的保护，在大城市里，有许多背着婴儿干零活的妈妈们。

在日本人的生活方式中，工业的双重性与政治宗教领域里的双重性一样，都同样具有重要地位。当日本政治家需要一个财阀，使之与其他领域里的等级制相匹配时，就为这些财阀创办一批战略性产业，挑选一批政治上中意的商人家族，赋予其"正确位置"，使之与其他等级建立联系。日本政治家从来不曾设想削弱政府与财阀的联系，不但给他们丰厚的利润，而且也给他们很显赫的地位。按日本人对待金钱和利润的态度，财界贵族难免受到民众的攻击，政府则尽量用公认的等级制观念对其予以保护。不过，保护的政策并不令人满意，财阀常受到少壮派军官和农民的攻击。但事实上，日本舆论攻击的矛头所向并不是财阀，而是"成金"。

"成金"常被译作"暴发户"，但这个词不能准确表达日本人的感情。在美国，严格意义上的"暴发户"是"新来者"的意思。开始时，他们受到人们的嘲笑，而主要原因是他们不善交际，未经恰当的"打磨"。但其致富经历却震动人心，这让人们对他们的偏见得以被抵消。他们从小木屋里起步，从以一匹骡子做动力的榨油作坊起步，最后升至石油巨子。在日本，"成金"一词来自将棋，有如跃升至女王的步卒。它在棋盘上横冲直撞，派头十足，宛若"大亨"，但在等级制中，它就不行了。人们坚信，"成金"致富靠的是诈骗剥削；这一态度，与美国人对"白手起家者"的态度截然不同。在等级制中，日本给巨富留出空间，并与之结盟。但如果财富是在恰当领域之外获得的，也会受到公共舆论的猛烈抨击。

总之，日本人总是依据等级制构建世界秩序。在家庭和人际关系中，年龄、辈分、性别和等级决定行为。在政治、宗教、军队、产业等各个领域中，都有十分仔细的等级划分，无论地位高低，谁都不得擅自越界，否则就会受到惩罚。只要维持"各得其所，各安其位"的局面，日本人就心满意足，感到安全。但是，从最高福祉受到保护的意义上说，他们常常并不"安全"。但由于他们接受等级制，视之为合法，所以他们是"安全"的。这是他们对人生的判断，正如信仰平等与自由被视为美国的生活方式一样。

然而，当日本人想把这种"安全"输出时，他们遇到了障碍。在自己的国度里，等级制合乎公众的意愿，因为等级制就是这样塑造出来的。扩张的野心只能适用于它赖以生存的世界，一旦出口就成了致命的错误。其他国家憎恨日本人大言不惭的主张，认为其狂妄至极。身处占领国时，日军官兵发觉，自己并不受当地居民欢迎，这让他们感到震惊，并始终不解。日本政府不是给了他们适当的地位吗？即使对身处底层的人，等级制不是也对他们有益处吗？日本军部拍摄了一系列的渲染中国人热爱日本人的战争片子，描绘中国姑娘和日本人的爱情：她们绝望、潦倒，因爱情而获得幸福。和纳粹征服版本的影片相比，日本人影片所表达的怀柔政策尽管不那么露骨，但也无法取得成功。他们不能以要求自己的标准来要求别的国家。他们输出等级制的失败，原因就在于此。他们认识不到，日本的道德规范适合日本人，日本人很热衷于"各安其位"的道德观，但他们指望别的国家也接受就显得很幼稚了。其他国家并没有这种道德观。这是正宗的日本土产。日本的作家们将这看做是理所当然，并不加论述。所以，我们要解读日本及日本人，首先必须解读他们的道德和文化体系。

chapter 5

第五章　看重所受恩惠的人

　　在英语中，我们经常说自己是"历史的继承者"。但在经历了两次世界大战和一场经济危机之后，虽然稍许地削弱了我们说这句话时的自信心，但是这种变化并没有让我们感到亏欠了历史什么。而东方人看问题与我们不同，他们认为自己是历史的负恩者。当一些被西方人认为是东方人在做对祖先崇拜仪式时，其实他们并不是真的指向祖先：而只是一种仪式，它宣告已承受了祖先的恩惠。更多的时候，东方人不仅对历史欠债，而且这种债务随着时间的流逝不断地增加。正是这些负恩情结决定了他的意识和行为，这是东方人的基本理念。西方人则并不看重对社会的欠债问题，尽管社会给他们以照顾、教育、福利，给他们出生的帮助。正是因为这样，日本人觉得我们的生活动力是不合适的。在日本，有道德的人不会声称自己不欠任何人什么，而美国人则相反。日本人不对过去打折扣。日本人的正义感就是他对自己在相互负债中的义务有正确认识，这些相互负债的当事人包含了他的先人，也包含了与他有交往关系的所有人。

举出一些东方和西方之间的差异很容易，但是我们很难就此辨析它在生活方式上所造成的差异。直到我们了解了它在日本的表现形式，才能够理解日本人何以能在战争中表现出极端的自我牺牲和急躁易怒，他们的很多行为在我们看来很不理解，而日本人却认为很重要。因为太容易欠别人的债，这让一个人很容易就感到被得罪了，日本人很注重这一点。它也证明了日本人具有很强烈的承担责任的精神。

无论在中文还是日文中，都有很多表达义务的词汇。但这些词并不全是同义词，在它们之间有细微的意义差异，而这种差异用英语是无法描述的，因为他们表达的理念与我们相去甚远。日语中的义务一词，是"恩"。在日本用法中，"恩"可以由一系列英语词汇来翻译，从"义务"、忠诚到善意、爱，但是这些词都曲解了它在日语中的本义。如果它真的意味着"爱"或者"义务"，那么日本人当然可以说"受了孩子的恩"，但是这一用法在日文中是没有的。它也没有"忠诚"的意思，"忠诚"在日语中由另一个词来表达。在日语中也没有另外的词与"恩"同义。但有一个意思是共通的，即，恩是一种负债、一种负担，一个人应该尽其所能来承担。一个人从长辈那里接受恩，但如果从一个不能确定是不是长辈的人那里接受了恩，或者从一个平辈那里接受了恩，这会让他产生一种不快的自卑感。当他们说"我受过某人的恩惠"时，就等同说"我对某人负有义务"，而且他们称这个施恩方为"恩人"。

"念恩"是日本人一种真诚的情感。在日本小学二年级的课本中有一篇小故事，题目是"不忘恩情"。这篇故事就用了"恩"的这个意义。这是为小孩子提供的伦理教育的一个范例：

哈奇是一条聪明的狗。它一出生就被一个陌生人带走了，在这个家它像一个孩子一样被宠爱着。正因为这样，它本很瘦弱的身体逐渐强壮起来。它的主人每天早上出去工作时，它都要送到车站；在傍晚，当主人回家时，它就到车站去迎接。

后来，它的主人过世了。可哈奇并不知道这件事，它每天还保持着出去等主人的习惯。每次去那个车站，一有汽车到站它就在下车的人群中寻找它的主人。

就这样，几天过去了，几个月过去了，一年过去了，两年过去了，就这样，岁月一年又一年过去了，在第十年的时候，人们为已上了年纪的哈奇在车站前面树立了一尊雕像，每天它都在寻找它的主人。

这篇故事所倡导的就是，"忠诚"即意味着"爱"。一个非常孝顺母亲的儿子应该不忘母恩，他对母亲有着哈奇对主人的那种至纯的奉献精神。"恩"并不特别指他对母亲的爱，而是指幼年时母亲为他所做的一切，少年时母亲为他所做的牺牲，以及成年时母亲为他所做的一切，总之，包括母亲在世时让他感受到的一切恩情。它包含着对这些所欠恩情的回报，所以它也意味着"爱"。但是它最基本的含义是"债务"。而与之理解不同的是，我们认为"爱"是自由施与的东西，不是由"义务"要求的。

当"恩"被用之于最大的恩情，即"皇恩"时，"皇恩"即有了无限忠诚的意思。这是对天皇所负的债务，每人都必须以无限感激的态度来接受。他们认为，一个人说自己为生在这个国家而幸运，生活的一切都很满足，但却没有考虑到自己是在承受皇恩，这实在是不可接受的。在日本历史上，一个人一生中最大的恩主是他所在生活圈内的最高上级。在不同的时代，他可以是庄园主、大名以及将军。现在，就是天皇。而最重要的不是谁是那个最高上级，而是

"不忘恩情"的习惯在日本人心中占据了最高地位。近代日本用了各种手段使这种情结集于天皇一身。在他们的生活中，每有一项特殊爱好就都增加了对"皇恩"的感激；战争中，甚至是发放到前线士兵手中的每根香烟都被强调出自皇恩；出征前每一口壮行酒更是受自皇恩。他们声称，每一个驾驶着自杀式飞机冲向敌舰的神风特攻队员就是为了报答皇恩；为保卫太平洋岛屿而全部"玉碎"，也是为了报答皇恩。

在日本，一个人也从比天皇低一些等级的人那里受恩，这其中包括父母之恩，这是东方孝道文化的基础。拿日本人的说法就是"孩子欠了父母的恩情，必须尽力来还"。这就是为什么日本人说孩子必须竭力服从父母。相比之下，德国就不是这样。德意志民族中，虽然父母对子女也相当有权威，但是父母必须竭尽全力来维持自己的权威。在东方式的孝道解释中，日本人是非常现实的，他们对父母之恩有一条谚语，大意是："养儿方知父母恩。"这就是说，从每天父母在生活中对子女所提供的照顾和操心中感受到了父母的恩情。日本人将祖先崇拜限制在父辈以及有深刻记忆的祖辈上，这使日本人更重视那些在孩提时期照顾过自己的人。当然，在任何文化中都存在以下事实：无论男女在婴儿时期都只有依靠父母才能存活下来；而且在成年之前也要靠父母来抚养。日本人深感美国人很轻视这一点，就像他们的一个作家所说："在美国，记住父母之恩的意义不过就是对父母好一些，仅此而已。"当然没有人会让孩子报"恩"，但是尽力照顾自己的孩子就是对父母之恩的一种报答形式。一个人通过对自己的孩子付出同等的关爱，有时甚至把孩子照顾得更好一些，这就部分地报答了父母之恩。一个人对孩子的义务也相当于"对父母报恩"。

一个人所承受的恩也有来自于老师、主人的。这是一种特殊恩情，包括学识和处世，因此，这个人也承担着对他们报恩的责任。这种报恩可能不是随时做出的，当他们遭遇困难时，应承担一些责任，或者是在他们死后如果有幼小亲属需要照顾时伸出援手。一个人应该尽可能地回报恩情，且不应少于他所承受的恩情。另外，这种恩情随着时间的推移而更加厚重，而不是淡化。就像负贷增加利息一样，一个人承受了恩是一件很有压力的事情，就像日本人都耳熟能详的一句话："难以报恩于万一。"它是一项沉重的负担，而且"恩的力量"通常被认为会凌驾于个人的意愿之上。

这种报恩伦理得以巩固，全靠每一个人都能将自己视为一个承受了很多恩情的债务人，同时还毫无怨言地去担当。我们了解了等级制度在日本被执行的情况，恪守于长辈所形成的习惯，让日本人很容易就重视道德上的报恩，并且达到某种西方人无法理解的程度。如果长辈被假定为是一个怀有善意的人，实施报答也更加顺利。在日语中有一个有趣的证据：长辈事实上被赋予了一种气质，值得他的信赖者"爱"他。"爱"在英国相当于"love"。近几个世纪以来的传教士们认为，"爱"一词是日语中用来翻译他们天主教教义中的"love"最为恰当且唯一的一个词。他们用它来翻译《圣经》，指代上帝对人类的爱，以及人们对上帝的爱。但是在日语中"爱"只是特指长辈对他的信赖者们的爱。一个西方人可能感觉它意味着"庇护"，但是它在日本用法中指代的意义更广。它是一个用来指代情感的词。在现代日本，"爱"一词仍然限定在上级对下级的爱这一严格意义上，但可能部分是因为天主教义的普及，当然也因为政府为打破等级制所做的努力，现在"爱"一词也被运用于同等地位的人之间。

　　尽管文化的特殊性让日本人乐意接受报恩思想，但是，施与某人恩情还能让他坦然接受，那可是一件难事。这是因为日本人不喜欢随便受恩而背上人情债。他们所说的"让一个人受恩"，在英文中就是"强加给另一个人"，尽管在美国"强加"一词意味着对别人提出要求；但是在日本，它却是给人什么东西，或者帮一个忙。日本人最不能接受的就是相对生疏的人随便给自己帮忙。如果在与邻居的相处中，接受恩情就意味着关系复杂了，这甚至是一种灾难。如果仅仅是认识的人，而且是近乎平辈的人，施恩行为更会让似乎是受恩一方气恼，日本人对此避恐犹不及。如果街上发生什么事时，日本人都只是被动地站着，并不是因为他们缺乏同情和勇敢精神；而是他们认为，如果没有官方介入他们就直接插手，会让事故的双方背负恩情。在明治之前的一条著名法律："当争吵或者纠纷发生，他人没必要介入其中。"一个人如果在没有明确获得授权的情况下，为纠纷中的一方提供了帮助，那么他将会被怀疑收取了某方的好处。既然知道帮助人会让当事人背上人情债，于是人们都不会主动参与与自己无关系的事件中。日本人极端警惕被不必要的感恩所纠缠。如果跟忽然递给自己一根烟的人并无交往，这会使他非常不快，他要对此礼貌地表示感谢，并且说："啊！真过意不去！"这对一个日本人来说是不情愿的。因为他从没有想到过为那人做什么事，现在因收一支烟，自己不得不做出自己没必要做出的答谢。

　　日语中有很多种用法来表示答谢之意的词语，这些词语同时也隐含着受恩时的不安情绪。表意最轻的是城市百货店中经常用到的一句"ぁりごと"，但其本义是"啊，这可太难得了"。日本人经常说这句话，用来感谢顾客对商店的惠顾。这是一句恭维的话，它也被用在接受了一件礼物时，以及其他各种场合；另一种指代"谢谢"的普通用语就是像気の音那样，也表达了接受之难。小店主经常会采用如下说法：すみません，本义是"啊，这怎么得了"。即："我现在接受了你的恩惠，但是在目前的情况下我无法回报你，我很抱歉。"在英语里，すみません被翻译为"谢谢"、"对不起"、"我道歉"。比如说，你在大风天上街，帽子被吹跑了，有人为你追回了帽子，在他还给你帽子时，礼貌要求你在接过帽子时应表达你内心的不安。"他赐予我恩，而我以前并不认识他。我却无以回报，我很有愧疚感，但是如果我向他道歉，我会感觉稍微好点"。"すみません"可能是最合适的表示。说这句话就是表示"他给我拾回了帽子，已经意识到我从他那里接受了恩，我接过来帽子并没有终结此恩，但是我没有办法，我们只是萍水相逢，不知去哪儿报恩。"

在欠人情债时，还有一种表达方式，相比较而言这种用来表达"谢谢"的意思，更加强烈表达了日本人的内心感受，即"诚惶诚恐"。它既有"我深感耻辱"之意，也有"我感恩戴德"之意。日文词典中解释说，这个词的引用表示你接受了与你不相配的恩惠，觉得愧不可当，且深感内疚，这是因为你感到自己不具备承受这些恩惠的资格。在这一用语中，你明确地表达了你在接受恩的同时感到很羞愧。同时，就像我们下一章要看到的那样，"羞耻"在日本是一种很让人痛苦的情感。那些传统的店主们在对顾客表示感谢时仍然会用"诚惶诚恐"。顾客在得到欠账许可的时候也会这么说。这个词在明治之前的浪漫小说中经常被用到。一个漂亮的姑娘是下等人，她在府中服侍主人，当她被主人做为情妇时，她要对主人说"诚惶诚恐"，意思是"您的慷慨很让我受宠若惊"。或者是，一个武士在一场斗殴之后，被有权人士赦免处罚，他也要说"诚惶诚恐"。意思是："我很抱歉；我卑微地向您表示感谢。"

　　这些用语比那些概括性的话更能表达"恩的力量"。一个人承受了恩会经常感到很矛盾。在公认的社会关系中，这些由恩而转变的债务深刻地刺激着日本人只能努力倾其所有来进行回报。日本人往往对欠恩感到难受，因而怨恨也很容易发生。日本最著名的小说家之一夏目漱石所写的著名小说《哥儿》，生动描绘了这些怨恨轻易产生的过程。小说中的主人公哥儿是一个在东京长大的男孩，他到乡镇的一所学校教书。但他很快发现他与身边的大部分同事都很难相处。但是有一个年轻老师和他关系很好，当他们一起外出时，这位被他称为"豪猪"的新朋友招待了他一杯冰水。豪猪为此付了一个半钱。

　　不久，另一位老师私下对哥儿说，豪猪背地说了你的坏话。哥儿相信了这个搬弄是非者的话，并且马上想到他从豪猪那里接受的冰水之恩。

　　"我不能因从这个卑鄙的家伙儿那里受到一杯冰水的恩惠而影响了声誉。并且因一个半钱，一直负担着这个恩，我到死都不安宁……我没有反对就接受了别人的恩，尽管对方本来是一片好心，因为这是将他看作一个和体面人一样有美德的人，是我看得起他。所以我本可以自己付钱，但我接受了他的恩。这是一桩任何钱都买不到的教训。我虽然无权无势，但我是个独立的人。要我卑贱地去接受别人的恩情，那不啻我回敬了他一百万元。我让豪猪付了一个半钱，而且已经对他表达了我的感谢，这比一百万元都要珍贵。"

　　第二天他向豪猪的桌子上扔了一个半钱，因为只有在终结了已受的恩之后，他才能处理他在别人那里得到的对方对他的侮辱的问题。

这样的结果可能是双方结下怨恨，但那种恩则必须先清除，因为那种恩已不再是朋友之间的友谊。

对一些小事情的态度会如此"大动干戈"，在美国只可能发生在一些不良少年帮派中，或者发生在神经病科案例中。但这就是日本人的性格。他们认为，现实中，多数人不会像哥儿那样把事情搞得很极端，但这只能证明那些人对恩的轻视。日本评论人对哥儿的描述是："热情，纯净得像冰凌，是正义的化身。"作者自己也说过自己就是哥儿，评论家认为主人公的性格事实上就是作者本人的写实。

这个故事被认为是在宣扬一种高尚的道德。一个接受了恩的人，只有认定自己的感激值一百万，这样想并照此行动，才能从债务人的身份中脱身而出。他只会接受自己值得并看得起的人的恩。哥儿生气之时，他将自己从豪猪那里受的恩，与他从老奶妈那里受的恩做了对比。奶妈从小就很宠爱他，她认为他家里的其他人都不喜欢他。她常偷偷给他糖和彩色铅笔等一些小礼物，有一次还给了他三块钱。他说："她持续不断的关照让我很难为情。"尽管他在接受三块钱时感到"耻辱"，但他还是接受了它，当作是向奶妈的借款。可在数年中从没有还给她。他对自己说：通过与他从豪猪那里承受的恩相比较，他没有还奶妈的钱是因为"我将她看作是我敬爱的人"。这是日本人对恩的反应的关键所在。日本人认为：只要"恩人"实际上是自己或在"我的"等级，在组织中占有某个地位，或者是他人能做到的我也能做到，比如在一个刮风天捡回我的帽子，或者说那人就是崇敬我的人，那就可以心安理得。一旦这些身份认同遭到破坏，恩就是一个让人痛苦的原因。不管恩是多么微不足道，它都应该遭到怨恨，这才是高尚道德的表现。

每一个日本人都知道，不管是什么情况，只要恩背得太沉重了，麻烦也会大起来。近几年的杂志中的"咨询专栏"就提供了一个明证。它是《东京心理分析》杂志的一道特色栏目，很像美国人的"失恋者信箱"里面提供的建议并不是弗洛伊德理论，而纯粹是日本式的。有一个上了年纪的人写信求助：

我是三个儿子和一个女儿的父亲。我的妻子在十六年前去世了。为了儿女，我没有再婚。我的孩子们一直视我为骄傲。现在我的孩子都已经成家了。八年前当我的儿子结婚时，我退休了，搬离了他们，住在离他们不远的地方，生活悠游自在。但是三年来我一直暗地和一个暗娼交往。她告诉我她的窘境，我很同情她。我用我的积蓄为她赎了身，将她带回我家里，教她礼仪，留她做了我的佣人。她非常有责任感，而且很节俭。但是，我的儿子、儿媳、女儿、女婿都因此看不起我，疏远我。我并不怨恨他们，这是我的过错。

女孩的父母看上去对此并不知情，由于她已在适婚年龄，所以，他们写信要她回去。我见了她的父母，介绍了她与我现在的情况。他们看上去很贫穷，但是并不贪钱，同意她继续留在我家，并说就当他们没有这个女儿。她自己也希望能留在我身边，为我养老送终。但是我们的年纪就跟父女一样，因此有时也想把她送回家。我的女儿认为这女孩不想离开我是贪图我的钱财。

我长年生病，我想我也就能撑一两年了。以后怎么办，我希望你们能给出个好主意，最后我强调一点，尽管那女孩做过傻事，但那是因为不得已而为。她品性很好，而且她的父母也不是贪图钱财的人。

日本的医生认为这是一起典型的案例：老人把施与子女的恩看得过重了。医生说：

你描述的是一起每天都会发生的事情……

在我解答你的问题之前，我先说一下，从你的来信中看到，你希望从我这里得到你所希求的答案，这让我感到有些不快。你为了儿女，在丧偶多年后都没有再婚这一点让我很欣赏，但是你却要靠这一点使你的孩子们承你之恩，而且要让它成为你现在行为的合理依据，我并不赞成。我并不是说你太自私，而是说你意志太软弱。如果按照以下方式行事可能会好得多：如果你无法离开女人独自生活，那么最好你向你的孩子们说明一下你必须跟一个女人一起生活的原因，而不应该让他们感到背负了恩。你过于强调你对他们的恩，他们就会很自然地会反对你。既然所有人都无法泯灭性的欲望，你同样需要性，但是人不应受欲望的摆布。你的孩子们希望你是一个能战胜情欲的人，这是多年来你在他们的脑海中形成的形象。而现在，你背叛了他们，我能够想象到他们的感受，尽管他们是自私的。他们已经结婚，性的欲望得到了满足，却反对自己的父亲也这样。你是这样想，而你的孩子们是那样想。这两种思考方式是不会统一的。

你说那个女孩和她的父母都是好人。那不过是你的一己之见。人人都知道人的好与坏是会因环境而变的。不能因为他们那一刻没有威胁到你的利益，就断言说他们是"好人"。我认为，女孩的父母甘愿让他们未出嫁的姑娘服侍一个毫无名份，又无亲无故的人，是不合逻辑的。如果他们希望自己的女儿给你做了一个无名份的妻子，那么他们肯定是要从中寻求利益或好处。只是你的狂热让你看不到这一点。你的孩子担心这女孩的父母图你的钱，我认为这并不奇怪；事实上我也这样认为。这个女孩还年轻，可能还没有这样的心思，但是她的父母一定有。

现在有两条路可以供你选择：

一条是作"一个完美的男人"，与女孩一刀两断。但你可能不会这么做；因为你的人性不允许你这样。

　　另一条是"回归到做一个常人"，并且彻底丢掉孩子对你作为一个完美男人的幻想。

　　关于财产，你要立下一份遗嘱，说明那女孩和你的孩子应得的份额。

　　要清楚，你已经老了，你在变得孩子气，就像我从你的笔端所看到的那样。你的思考现在是多了感性少了理性。你希望这女孩是你母亲的替代品，尽管你宣称你是在成全她。我认为一个婴儿离开妈妈是活不下去的，因此，我建议你采纳第二条路。

　　这封信中谈到了许多关于恩的观念。一个人要让自己的孩子背上沉重的恩，那么他只有冒险去改变自己的行为。他应该知道自己将为此而遭受苦难。而且，不管为孩子做出多大的牺牲也不应该居功，让它"成为你现在行为的合理依据"。他的孩子"自然"会抱怨；因为他们的父亲不能坚守原有的道德准则，子女们遭遇了"背叛"，一个父亲想去做以下行为是愚蠢的：仅仅因为孩子们需要照顾就完全牺牲了自己，然后孩子长大了就应该对父亲特别关照。相反，孩子们不但不会这么想，而且，他们会因为感觉到了亏欠你的恩而反对你。

　　美国人在这种情势之下并不从这种角度做出判断。我们认为，为了丧母的孩子们而牺牲了自己幸福的父亲，在晚年理应受到孩子的伺奉，而不是日本人所说的"孩子天然地抗拒他"。为了能像日本人那样看问题，我们可以把它当做是一种金钱上的交易，因为在这方面我们也持类似的态度。我们更有可能会在如下场合才说"他们自然会抗拒您"：父亲以借贷方式借钱给自己的孩子，而且要付利息。正是在这种情境下，我们才能理解为什么一个人在接受一根烟时会说"感到羞愧"，而不是直接说"谢谢"。我们也才能理解他们在受到恩惠时不是想到感激而是怨恨。我们至少能获得一条线索来理解哥儿为什么会堂而皇之地放大一杯冰水所导致的债务。但是，美国人并不习惯于将金钱标准用于这样一些事情，比如：在购买苏打水时偶尔请请客，或者是一个父亲为了他丧母的孩子多年牺牲自己，或者像哈奇那样忠诚。日本人则不然。我们推崇慈爱、善意、慷慨，没有附加条件时才是美德。但是在日本它们必然附有条件，只要接受任何一种类似行为，就会欠一笔人情债。就像他们在谚语中所说："一个人需要与生俱来的慷慨才能够承受得了恩情。"

第六章　报恩于万一

恩是债务，接受了恩惠是要偿还的。但是在日本，所有"报恩"行为则完全是另一回事儿。他们将"报恩"与"恩"分割开来，在美国的道德观、伦理学却常将两者混淆在一起，形成了诸如：义务、任务之类的中性词。日本人对此甚感奇怪，就像我们看到一些部落进行金钱交易时，奇怪其并不区分债务人和债权人一样。对日本人来说，恩是最基本的，存在生活中的方方面面，而"报恩"则是消极的，总是让人费神费力的行为。一个人受恩并不是美德，报恩才是美德。当他在进行报恩时，他也有了美德。

要理解日本人的这种美德，可以参照一下美国人如何看待金融交易，以及对违规行为的制裁措施。当一个人拿了他不该拿的东西，我们不会因犯罪的各种环境诱因而减轻他的罪责。我们认为这并不是导致他是否偿还银行贷款的决定因素。就像一个债务人必须偿还他所借的钱，以及这笔钱所生的利息。至于爱国精神和对家庭的爱，我们认为与还钱完全是两码事。爱，对于我们来说，是情感的事情。爱国精神，也就是那种将国家利益放在一切事物之上的情感，被认为是一种狂想；或者说，它与人类容易犯错的本性是不相关的，直到美国被敌人的舰队攻击之前，美国人都是这样想的。因为美国人缺乏日本人那种基本前提——人一出生就蒙受重恩，在我们的观念中一个人应该怜悯、帮助他贫困的父母，不应该殴打他的妻子，给孩子提供食宿。这些事情不能像金钱交易那样斤斤计较，而且也不能像追求高收益生意那样追求回报。在日本，它们却被看得十分重要，就像美国人对偿付能力的感觉一样。当一个日本人无法做到这些时，他将面临的制裁如同一个美国人欠银行钱，到期必须还钱付息一样。这些制裁带来的恐惧不只是在面对交战，父母得了很严重的疾病才会出现的，它们在人身后如影随形，就像纽约的小农场主不断担忧他的抵押物，或者华尔街金融家在卖空之后发现眼见行情上涨就心疼不已。

日本人把报恩这种行为分成了许多不同的种类，每一类都有不同的规则。有的恩，无论在数量还是时间上都是无限的；有的要报的恩，则是可以在数量上找到平衡，并须在特定时间内实施的。那种无限度的被称为"义务"，日本人说它是"难报其万一"的恩。一个人所负担的义务被分为两种：一种是对父母之恩的报答，被称为孝；另一种是对天皇之恩的报答，被称为忠。这两种不同的义务都是强制性的，每个日本人都要承担。日本的基础教育被称为"义务教育"，就明确地标志着这一教育目的。人生际遇可能会改变义务的某些细节，但义务是自然地加在每个人身上的，而且超越于所有偶然的情境。

尽孝与尽忠都是无条件的。在将这些道德绝对化的过程中，日本抛弃了中国人对待国家和孝道的责任的有关概念。自从7世纪以来，中国的道德文化被大量地引进日本，而且忠和孝都是汉字。在中国人眼里这两种道德都是有条件的。中国人假定了一种可以超越一切的道德，但它也符合忠和孝的条件，那就是"仁"。被翻译成英语是

"benevolence"，但是这个英语词代表了西方所有良好的人际关系。如果一个统治者不仁，他的人民就有理由反对他。也就是说，仁是忠的先决条件。一个皇帝能统御多长时间在很大程度上取决于他们是否施行仁政。在所有人际关系中，中国人的伦理都建立在"仁"的基础上。

中国伦理中的这一先决条件并未得到日本人的认同。日本的伟大学者朝河贯一在分析中世纪中日两国这一差异时说："在日本这些观念明显与其天皇制度不相容，因此从来没有被完全接受过。"事实上在日本，"仁"变成了非法的德行，与它在中国伦理的位置是相反的。在日本，它的发音同于"jin"，而且"为仁"并不是最高层所要求的德行。它已经完全被从所谓的高尚道德体系中清除出去，所以它的含义已和德行不沾边了。它可能是一种值得赞许的行为，比如提倡为慈善活动捐款，或者对一个罪犯表现出关心。但是它强调的是分外的事，而非是必须具备的。

说仁是"非法"行为，还有另外一个意思，即它也被用来指代匪徒之间的操守。德川幕府时代，那些专事杀人越货的强盗们就把："为仁"视为一种"荣誉"，与配备了两把刀的流氓武士相比较，这些人都是身配一把刀的。当这些不法分子中的某一个人向另外一个陌生人寻求庇护，那个陌生人将此人窝藏起来，使他免受同伙们的报复，那这个陌生人的举动会被认为是"为仁"。在现代用法中，"为仁"的意义甚至是见不得人的，常在论及应受惩罚的行为时被运用。日本的报纸说："现在有些下等劳工依旧在行仁义，对此必须加以严惩。警察应该在社会的每个角落禁止它的实施，这对日本的危害太大了。"当然，这里"仁"的意思是"盗贼们的荣誉"，就像20世纪初美国港口的意大利籍工头，日本的小包工头和那些没有受过训练的黑劳工订立非法契约，并且将劳工介绍给农场以从中获利时，包工头就被称为"行仁义"。这样就把汉语概念中的"仁"赋予了可耻的意义。

日本人完全改变了汉语"仁"这一核心道德，但又没有用其他表示"义务"概念的词来代替"仁"，于是在日本孝道就成为一种必须完成的责任，哪怕它意味着要宽恕父母的过错和不公。孝道只有在与忠于天皇的义务相冲突时才可以被放弃，但是，对于某人的父母所行之事已不值得孝敬的时候，他也不能不尽孝。

在一部日本现代电影中有这样一个情节：一位母亲偷了她儿子的钱。她的儿子是一位乡村学校校长，这笔钱是他准备为一个女学生赎身用的。这个女学生是在父母快要被饿死的时候卖给一家妓院的。这位校长的母亲从儿子那里偷走了这笔钱，尽管她不穷，而且还经营着一家很赚钱的饭馆。校长知道是自己的母亲偷了钱，但是他不得不自己承担这桩罪过。他的妻子发现了事实真相之后，留下一封遗书，承担了此事的全部责任，然后抱着孩子一起溺水自杀。但是当真相大白后，这位母亲的责任并没有人去问责。那位儿子尽了孝道之后，独自去了北海道，去磨炼性格，这样好让自己在未来的考验中更加坚强。作为美国人，我认为该为这场悲剧负全责的人就是那个偷钱的母亲。但是我的日本朋友却激烈反对我的观点。他说，孝道经常与其他德行发生冲突。如果这位儿子足够聪明，他应该能够在不丧失自尊的情况下妥善地解决这件事，但是如果他怪罪自己的母亲，那么他做什么都挽不回自尊。

在日本，一个人结婚后，就都背上了孝道的沉重负担。日本人除了一些"摩登"人士之外，有身份的家庭通常要通过媒人的介绍，由父母为儿子选择妻子，这被认为是理所应当的，是"家庭"在选择儿媳，而不是儿子为自己选择妻子。这不仅仅是因为婚姻涉及金钱往来，而且因为妻子将进入家谱中，为本族人传宗接代。通常是，在媒人的安排下，两个年轻人在父母都在场的情况下做一次偶然相遇，而这种"偶然"显然是安排好的。但见面时这对年轻人并不交谈。有时，父母为子女选择联姻是出于以下考虑：女方获得一定的金钱；男方得到望族的声誉；有时，男方父母选择某个女孩是因为他们自己对这个女孩很满意。儿子报答父母之恩的其中一项就是他不能够对父母的包办提出反对。在他结婚之后报答还要继续。如果这个儿子是家庭继承人时，他甚至要和父母住在一起。众所周知，多数婆媳关系都不好处，儿媳身上总有婆婆挑不完的毛病，尽管儿子与儿媳很相爱，但婆婆还是可能会将儿媳赶走，终结这段婚姻。在日本的小说和自传中，经常可以看到年轻的丈夫和妻子备受煎熬的情节。当然，丈夫顺从母亲决定离婚时，仍是在尽孝。

有位住在美国的"摩登"日本人曾将自己在东京的房子借给一个年轻的孕妇居住，这位孕妇是被婆婆逼迫离开丈夫的，丈夫为之悲痛万分。孕妇生了病，伤心欲绝，但是她并没有抱怨丈夫。随着孩子即将出生，这让她对未来甚至很期待。但是当孩子出生后，婆婆出现了，后面是她极驯服顺从的丈夫，他们要求带走孩子，孩子理所当然地属于夫家。婆婆带走了孩子，随之将其送到了孤儿院。

所有这些都被包括在孝道之内，都是子女必须偿还的债务。在美国，所有这样的事例都被认为是无理的。日本人并不这样认为，因为有"承担恩情"这一前提。我们美国持有这样的观点：一个诚实的人通过努力，偿还了他的债务，这是真正的美德。还有些人通过证明自己能够承受挫折来增强个人实力，进而获得别人的尊敬。日本人对在挫折中仍坚持尽孝视为美德这一点和我们很相似。但这种挫折，不管多么崇高，还是会遗留下憎恨。就像在亚洲谚语中所说的那样，缅甸人说可恨的事情包括"火灾、水灾、盗贼、官员和歹毒的人",而在日本则是"地震、雷击和老头子"。

日本人心中的孝道与中国不同,他们尽孝的范围不包含对几百年前祖辈及衍生出的庞大家族。日本人对长辈的尊敬只是针对最近的几代祖先。墓碑必须每年都重刻,以保持上面名字清晰可见,当逝去的先人渐渐淡出活着的人的记忆中时,他的墓碑也与自己相距甚远或甚至被忽略了,在家庭佛坛中他们的灵位也会被撤掉。他们尽孝道只限于活着的人之间,日本人不认为孝敬与自己相距甚远或甚久的人是孝道,他们把孝敬的对象集中在现实中。很多学者都注意到日本人缺乏抽象思维,或者说对构想非现实形象没兴趣。在这方面,与中国人相比,日本的孝道观恰恰印证了这一论点。

无论是在中国还是日本,孝道都不仅仅是对父母和前辈的尊敬和顺从。西方人说到养育孩子,首先想到的是这出自父母亲的天性,而日本人首先想到的是出自对先人的孝道。日本人非常强调这一点:一个人报答先人之恩的方式,就是将自己所受到的养育和关照转移到孩子身上。在日语中没有特指"父亲对孩子承担的义务"的词语,所有的义务都被概括在孩子对于父母和祖父母的孝道之中。体现在生活中就是:为孩子提供食宿;进行管教;管理家庭财产,给有需要的亲戚提供庇护,以及需要尽的其他义务。在日本制度化家庭中,因为对人口的限制,也限制了应该承担义务的人的数量。如果儿子死了,父母有义务承担儿媳和孙子的生计。同样,如果女婿死了,父母有义务抚养女儿和孩子。但是对于守寡的侄女就得另说了;如果做,也是另一种不同的义务。养育和教育自己的孩子是义务,但是如果教育自己的侄子或外甥,习惯上是把他们变成合法的养子;如果那个孩子仍然保留侄子的身份,那你就没有义务养育他。

　　孝道不提倡怀着仁爱之心帮助同一支系的亲属，哪怕双方关系很近，而且很贫穷。家庭中的年轻寡妇被称为"冷饭亲属"，因为她们吃的都是冷饭，她们在家庭成员中被边缘化，她们必须怀着诚惶诚恐的姿态接受有关自己的每一项决定。她们和自己的孩子都属于穷亲戚，但在特殊情况下，她们获得的待遇比应有的要好，那是因为家长认为给她们比较好的待遇是一桩义务。平辈间没有义务"友爱地"相互照应。如果有两兄弟相互仇视，但哥哥还是履行了对弟弟的义务，他的行为会受到赞扬。

　　婆媳之间的矛盾永远最多。儿媳来自另外一个家庭，她有责任了解婆婆喜欢什么并且学着去适应。在很多情况下，婆婆会毫无顾忌地宣称儿媳配不上儿子，这表示婆婆对儿媳怀有相当大的不满。但是，正如一句日本谚语所说："可恨的儿媳会带来可爱的孙子。"因此孝道在婆媳之间也是存在的。儿媳表面上逆来顺受，但是随着辈分的增长，这些昔日低惯了头的柔弱女人成为婆婆时，也会变得严苛和挑剔。她们会照自己婆婆的样子，横加挑剔自己的儿媳。现在有的日本女孩就公开声称，嫁人最好是嫁给一个不继承家业的人，这样就避免了和不好伺候的婆婆生活在一起。

　　"努力尽孝"并不一定是为了获得家人的好感。在一些文化中，这种好感在庞大的家族中是十分受宠的，但在日本不是这样。正像一位日本作家所写的："日本非常注重家庭，但不太重视个人地位以及个人之间的家庭纽带。"当然，这话不具绝对性，但是大致如此。这里的重点是对义务的承担和报答，家庭中的长者责任重大，其职责之一就是确保他的子弟愿意为他的要求作出牺牲。他们即使不愿意也必须遵从长者的决定，不然，他们就是没有履行"义务"。

　　在家庭成员间这种由不愿意引发的怨恨，也是日本孝道的一个特征，但是这种怨恨在对天皇的忠诚中，是不存在的。因为在日本政治家的精心安排下，天皇作为一个神圣领袖是与尘世隔离开的。这样的好处是：天皇更能起到凝聚国民、号召他们为国效力的作用。说天皇是国民之父还远远不够，因为家庭中的父亲不管承担了多少责任，他都是这样一个形象：可以获得一切，却唯独不会获得很高的尊重。天皇必须像圣父一样远离一切尘世的杂虑。对日本人来说：最高的美德就是对天皇效忠，这种效忠必须变成一种偶像似的崇拜和仰慕，因为这位父亲是幻想出来的，纤尘不染的。

早期的明治政治家们在考察了西方国家之后写道："所有国家的历史都充斥着统治者和被统治者之间的冲突，这在日本精神中是不足取的。"他们回到日本后，将之写入宪法，说天皇是"神圣而不可侵犯的"，而且不为他的内阁大臣们的任何行为负责。他是作为日本统一的至高象征而存在，不是作为政府首脑而存在。因为天皇在七百多年来从没有作为一个当政者而存在着，让他一直作为幕后主宰的形象永存下去。明治政治家们需要做的唯一一件事，就是让全体日本人对天皇绝对忠诚，并且将此确立为最高的道德。在封建时期的日本，尽忠只针对世俗首领、幕府将军，这一漫长的历史提醒明治政治家们，为了实现他们所要求的目标，有必要对"忠"重新定义。在数个世纪中，幕府将军是大元帅，也是政府首脑，尽管人们效忠于他，但是反抗他甚至是谋杀他的阴谋也是屡屡不断。这是因为对将军的忠诚经常与对封建君主的忠诚产生冲突，而且对封建君主的忠诚往往比对将军的忠诚更有迫切感。毕竟，君主的忠诚是建立在直接的联系之上，而对幕府将军的忠诚相比较而言可能就显得比较淡薄。在动乱年代，家臣也多次发动掀翻将军宝座的行动，试图拥立自己的主君。推崇天皇复辟的先驱和领袖们整整一百里都在反对德川幕府，他们打的旗号是"效忠天皇"。天皇深居幕后,每一个人都可以按自己的幻想来想象天皇。最终明治复辟取得了胜利,对倒幕派来说,效忠的对象就是天皇,靠这一转移才有理由称1868年革命为"王政复古"。天皇依然隐居幕后。他的权力交给内阁官员们,而自己并不主持政府或者军队,也不亲自决定政策。仍然是由选拔出来的政府精英做顾问,由他们去主持政局。真正的剧变发生在精神领域,因为"忠"变成了每个人对于神圣领袖——最高主祭者和日本统一与永恒的象征——天皇的报恩。

尽忠的对象轻而易举地转移到了天皇的身上,得益于一个民间传说,据说日本皇室是天照大神的后裔。但这一传说中的神学观点并不像西方人所认为的那样重要。当然,对于反对日本那些天皇神性说的知识分子来说,也不会因此而对效忠天皇提出质疑;甚至很多接受天皇神裔论的普通人,也不像西方人所认为的那样,将天皇的神性作为自己效忠天皇的依据。"神"这个词用来表述"god",它从字面说是"至上首领"之类的意思,即等级制的顶端。日本人并不像西方人那样在人和神之间沟划出一道巨大鸿沟,他们相信任何日本人在死后都成为"神"。在封建时代,尽忠就是对等级制的顶级首领表示忠诚,尽管他没有神性身份。在将效忠对象转移到天皇的过程中,更为重要的是,在整个日本历史中只有一个王室,且万世沿袭。对西方人说明王室的这种传承性有多重要,会让人感觉是在说疯话。在西方人眼里,所谓王室的传承性就是在愚弄人,因为继承规则决定了继承人并不都出自英国和德国的王室。日本规则就是日本规则,根据这一规则,皇统万世沿袭,不会中断。中国的历史记载曾更替过36个朝代,日本则不是这样。日本历史中虽然经历了无数的变化,但其社会统治结构始终未变。明治维新之前几个世纪中倒幕势力所利用的,正是王室"万世一系"这一依据，而不是天皇的神性血统理论。他们声称，尽忠对象就是等级制顶端的那个人，即：天皇一个人。他们将天皇塑造成国家主祭者，这个角色并不必然意味着神性。这一点与天皇神裔论相比，是更加重要的。

近代日本的每一种努力都是为了使效忠对象更具体，实际就是指向天皇。维新之后的第一任天皇是一个杰出而威严的人，在他长时间的统治期间，他自然地能成为全体臣民敬仰的国体象征。他除了在有限的隆重仪式上出现外，几乎很少在公众前露面。而一旦露面，万民聚集在一处，一齐礼敬天皇，全场没有一点动静，也没有一个人敢抬头正视天皇。二楼以上的窗户都关得严严实实，因为从高处俯视天皇是大不敬的。天皇和他的内阁成员的接触也直接反映了等级制度。日本人并不说是天皇召集了他的行政人员，而只说是个别有特权的内阁成员"拜谒"了他。天皇从来不就有争议的政治问题发布诏令，诏令经常是关于伦理或者倡导节约之类的问题，或者是针对具有里程碑意义的事情：公布某一项事务终结，以此来安定民心。当天皇即将驾崩之时，整个日本俨然变成了一座大庙，无数的日本人都在这里为他虔诚祈祷。

就是通过这些种种方式，天皇被塑造成超越于纷纭之外的象征。就像美国人眼里对星条旗的崇拜，超越一切政党政治，天皇是"不可亵渎的"。我们围绕星条旗安排了一系列仪式，而且这种仪式不能针对任何一个普通人来实施。然而，日本人却利用了天皇这个至高的形象符号。他们可以爱他，天皇也会做出回应。他们听到天皇"眷顾万民"时会感激涕零，欣喜若狂。他们所做的一切都是为了"让天皇舒心"。在日本这种注重人际关系的文化决定，天皇是一个超越于星条旗的象征。在日本，如果某个老师教导学生说人的最高职责是爱国，那他就是不合格的老师；他必须说最高职责是回报天皇之恩。

"尽忠"为国民和天皇之间构建了一个双层体系。一方面，国民直接向天皇效忠，不需要中介；每个国民都把"让天皇舒心"当做自己最大的责任。但是，国民接受天皇的号令，是需要依赖存在于他们之间的各种关系才可落实的。而且比之于其他现代国家的政令，更加具有激发民心的力量。罗里描述了这么一件事：在一次军事演习时，一个指挥官给部队下令，在没有得到他的许可时，不得饮用水壶里的水。日本军队特别强调大里程的强化训练，比如：急行 50 ~ 60 英里，中间不得休息。在那次的长途越野训练中，有 20 个人因口渴引发虚脱而倒地。其中 5 个士兵死亡。经检查，他们的水壶满满的却没有被动过。因为"长官下了命令，就犹如天皇的旨意。"

在民政事务中，从死亡到赋税，忠控制着一切。税务官、警察、地方征兵办公室，都是为了能让国民效忠而设立。日本人的观点是，遵守法律就是对他们的最高感恩对象，即对皇恩的回报。这是一种与美国完全相反的生活习俗。对美国人来说，任何新颁布的法律，从街头停车的尾灯标志到个人所得税，都是百姓埋怨的对象，因为人们认为这些法规干扰了个人处理事务的自由。联邦的法律尤其受到质疑，因为人们认为它们干扰了各个独立的州制定法律的自由，是华盛顿的官僚机构强加给国民的。很多美国人认为，针对这些法律的反抗呼声无论多么大，都是正当的。因此日本人说我们无法无天。我们则断言他们是一个驯服的民族，没有一点民主的意识。用如下说法应该更正确一些：在两个国家中，公民的自尊心都和他们不同的态度相关。在美国，国民自尊心建立在对个人事务掌控的基础之上；在日本，自尊心则是与对恩人报恩联系在一起。每一种制度都各有其难处：在美国，即使是一项有益于整个国家的法律，国民接受起来也很困难；在日本，每个人的一生都被无尽的恩情负担压得喘不过气来。也许每一个日本人都能找到一些方法，让自己既不破坏规则，同时又能避开重负。他们同时也崇尚武力方式，喜欢直接对抗以及私下复仇，而美国人并不喜欢这样。但是这些，以及其他重要的限制条件，都不足以让人质疑"忠"对日本人的控制力。

当日本在1945年8月14日宣布投降时，世界领略了"尽忠"对日本人所具有的令人难以置信的威力。很多曾经在日本生活并深知其性情的西方人说：日本人是不会投降的；他们坚定地认为，让分布在亚洲和太平洋岛屿的日本军人放下武器这根本就是个幻想。很多日本军队并没有在当地遭遇灭顶的失败，而且他们确信自己所从事的事业是崇高和正义的。日本本土的岛屿全是死硬派，我们的占领部队开始只能派出一小股部队，这些脱离了海军舰炮保护范围，必然会遭到日本人的屠杀。然而，这些美国人在分析中没有考虑到"尽忠"对日本人的作用。天皇发话了，一切问题就都解决了。在天皇宣布投降的声音尚未通过电台播送之前，一些强硬的反对者还在宫殿周围设了一道警戒线，试图阻止停战诏书的发布。但是，天皇的诏书一发，一切都停止了。无论是在中国东北，还是在爪哇岛前线，或是在东京，没有一个人表示反对。我们的飞行队降落在他们的机场，受到了有礼貌的欢迎。外国记者中有一个人说，在早上降落时他们还拿着小型武器，紧扣扳机，以防不测，但是在中午他们就收起了枪，到了晚上人们就可放下心去商店买东西了。日本人现在要通过遵守和平的方式来向天皇尽忠，即使一周以前他们还发誓说，即便是手持竹枪也要和野蛮人战到底。

我们知道了前面讲的日本人对尽忠的恪守，出现这样的场面就不再不可思议了，除了那些西方人，因为他们不肯承认情感因素可以改变人们的行为。这些西方人预言说，要让这块土地安静下来，除非是根除掉这里的所有日本人；另一部分人则宣称，只有日本人中的自由派掌握了政权并且建立了稳定的政权之后，日本才能得救。按照西方国家的战争理论，上述两种分析都符合一定的逻辑性。但是，它缺少必要的前提——这是日本，不是西方。在和平占领几个月后，一些西方预言家还在坚持说：这是一次没有任何意义的占领，因为根本没有西方式的革命出现，"日本人也没有意识到自己失败了"。如果依照"什么事都要追问怎么做才正确合适"的西方标准来看，这是很好的西方社会哲学。但日本不是西方国家。它并不会把西方国家的革命观点发挥到极致。日本人也不会使用阴谋手段来对抗占领军。他们要在另一种解释上展现自己的力量：在它的军事力量还没有被摧毁之前，它要求自己把无条件投降这样巨大代价作为"尽忠"来表现。在日本人眼中，这种行为所体现的至上价值是：服从天皇的意志，哪怕他的命令是投降。也就是说，即使遭受屈辱，也仍然要遵守最高法律——尽忠。

第七章　最不能承受情理之重

　　日本人常说最难承受的"情理"。因为一个人报答情理就像必须报答义务一样。但是日本人所说的情理与义务所包含的不完全是相同的概念。英语里几乎没有和情理相同意思的词语，人类学家也发现：在世界所有已行的道德义务范畴之内，情理所含盖的意义也很特别，它是日本特有的。忠和孝是日本和中国所共有的道德规范，尽管日本有些观念上的不同，但与其他东方国家所熟悉的道德要求仍有某种关联，而且，情理并不是源自中国的儒教和东方的佛教。它是专属于日本的范畴，不了解它就无法了解日本人行为的目的：所有的日本人在谈及行为动机、名誉和他们在本国所遇到的困境时，都与情理有关。

　　在西方人看来，情理之中包含非常丰富和复杂的理念和意识。难怪日本人很少向西方人阐释情理的含义，而且，在日语辞典里也找不到更具体的含义。有一本辞典解释说："情理是正义之道；人应该遵循之道；为避免世人非议而做自己并不情愿做的事。"这样的表述虽然不完整，但是"不情愿"这个词却指出了它与"义务"的差异。"义务"，不论其对个人要求如何苛刻，至少总是指对其骨肉近亲，或者对代表其祖国、其生活方式及其爱国精神的最高统治者所应尽的一系列责任。由于某些利害关系的存在，所以每个人履行这些责任就成了必须的。尽管"义务"中的某些特定行为也会使人"不愿意"，但"义务"的定义中绝不会有"不愿意"做的意思。"报答情理"则是不情愿的。在"情理的领域"里，欠人情的人的心理压力是巨大的。

情理按含义不同分为两类。我称第一类为"对社会的情理"，字面上解释为"报答情理"，是指一个人报答其同伴的义务。另一类我称为"对名誉的情理"，它是保持某人的名誉不受玷污的责任，在某种程度上和德国人所说的"荣誉"相近。对社会的情理大体上可以解释为履行契约。与"义务"相比，义务更像一种必然的责任。因此情理包括一个人应对他的姻亲家属所承担的所有责任；而"义务"只是对自己的直系亲属所应承担的责任。岳父、公公就是情理上的父亲；岳母、婆婆是情理上的母亲，姻兄弟和姻姐妹是指情理上的兄弟、姐妹。这一套称谓既用于配偶的亲属也用于亲属的配偶。在日本，婚姻理所当然的是家庭与家庭之间的契约关系，终身对配偶的家庭履行这种契约义务就是"为情理付出"。其中最繁重的是报答安排婚姻的父母双亲的情理，年轻的儿媳在对待婆婆情理上的履约尤其繁重，按照日本人的说法这是因为媳妇生活的不是她自己出生的家里。丈夫对他的岳父母的责任则有所不同，但也很可怕，因为如果岳父母有经济困难，女婿必须借钱给他们，还必须履行其他的契约义务。按照日本人的说法，"成年的儿子侍奉他的亲生母亲是出于爱，所以它不是情理。"如果行为是发自内心的就不是为情理付出。人们谨小慎微地对他们的姻亲履行所有的义务，因为他们之所以肯花这样大的代价，目的就是怕被外人谴责为是："一个不懂情理的人。"

日本人这种对姻亲家庭的义务在被称之为"入赘"这件事上表现

得尤为突出，所谓"入赘"就是男子以女人出嫁的形式到妻家生活。如果一个家庭只有女儿而没有儿子，父母为了延续家族的姓氏，就会为其中的一个女儿选一个丈夫"嫁"到自己家中。入赘女婿原来的姓氏要改为妻子的姓氏。他来到妻子的家中，在"情理"上服从岳父母，死后葬入岳父家的墓地。为女儿择婿入赘也并不完全是因为没有儿子，有的是为增进双方利益的分配，即所谓的"政治联姻"。一种情况是女方清贫但是门第高贵，男方可用礼金换取名望。另一种情况是女方的家庭富裕而且有能力使男方接受教育，男方接受这种恩惠，代价是到女方尽儿子的义务。还有一种情况是女方的父亲能以这种方式为他的公司得到一个可靠的合作者。但不管是哪种情况，对于入赘女婿来说，他面对的情理都很繁重，因为在日本，让一个男人改变姓氏是一件严重的事。在封建时期的日本，在战争中入赘的女婿必须为他的岳父而战，即使令其杀死生父也在所不辞，以此来证明自己在新家庭中的身份。在近代日本，入赘养子的"政治联姻"造成了一种强大的"情理"上的约束力，以最沉重的约束，把自己的一切都束缚在岳父的事业上。尤其是在明治时期，这种事情有时对双方都有好处，但是在社会上对入赘女婿都十分嫌恶。日本人有句谚语说："有米三合，绝不入赘。"日本人说这种嫌恶是"出于情理"。如果美国人也有这种习俗，他们会说"这完全不是男子汉所为"，但是日本人不这样说。不管怎么说"情理"都是相当沉重和不情愿的事，所以"出于情理"最能表达日本人对这种负担沉重的人际关系的看法。

不光是对于姻亲家庭的义务是"情理"，也包括对于伯父伯母和甥侄的义务。在日本，对于比较近的亲戚的义务不属于孝行范畴，这是在家族关系上日本与中国的巨大差异。在中国，凡是沾亲的亲属都能沾上光，但是在日本，这种亲戚只是"情理"上或是说"契约"上的亲戚。日本人指出，帮助这类亲戚绝非所欠他们恩情，而是通过帮助他们来报答他们共同祖先的恩情。虽然抚养自己的孩子也是出于同样的理由，但这是一种当然的"义务"，对远亲的帮助虽然也是出于同样的动机，但却被列入"情理"。当人们必须帮助这类亲戚时他们会说："我这是为'情理'才这样做的。"

与姻亲的"情理"关系相比，多数日本人更注重传统上的情理关系，比如：武士对他的君主和同伴的关系，它是一个有荣誉感的人对其上级和其同辈应尽的忠诚。这种"情理"的义务在大量的传统文学作品中都受到颂扬，被视作武士的美德。在德川氏未统一日本前，这种德行常常被认为是超过"尽忠"的品行，即在当时对将军的义务。在 12 世纪，源氏将军要求一位大名交出他庇护的一位藩主，这位大名写了一封回信至今还保留着。他对加之于"情理"的非难感到非常愤慨，甚至拒绝以忠的名义背叛情理。他在回信中说："对于公务，我个人无能为力，但是武士的情理是永恒的真理"，它超越将军的权力。他拒绝"对尊敬的人背信弃义"。这些在古代日本超越一切的武士德行，屡见于历史故事中，并经过润色改编为能乐、歌舞伎及神乐舞蹈。

其中最著名的是 12 世纪一个浪人英雄弁庆的故事。他除了具有一种使僧侣感到骇人的勇力之外别无所有。他住在寺庙，杀死过往的武士收集他们的刀剑，为自己筹备一个武士所需的行装。最后他挑战一位在他看来武艺平平，只徒有虚名的年轻领主，不成想他却看走了眼，这位年轻人是源氏的后裔，正筹划着为他的家庭恢复将军的地位，他正是日本人非常喜爱的英雄源义经。弁庆向他表示了热诚的"情理"，并且为他立下了无数功勋。但是在最后一次战斗中，因为寡不敌众，他们不得不与家臣们一起逃走。他们伪装成为建立寺院而化缘的僧人而游走。为了避人耳目，弁庆装成领队而义经则混入其中。他们每遇到敌人沿途设置的警戒，弁庆就拿出一张伪造的很长的捐赠簿的名单念给他们听以求蒙混过关，他们也几乎屡屡得手，但在最后一次，义经的贵族气质激起了他们的怀疑，尽管他伪装成一名普通僧人。敌人拦下他们，准备做深度盘查，危急之时弁庆又一次用计消除了他们的怀疑：他当着盘查敌人的面因为一点小事怒斥义经并打了他耳光。敌军被蒙骗了，因为如果这位僧人真是义经，他的侍从是绝不敢打他的，这样违背"情理"是不可想象的。尽管弁庆的这种举动救了义经的命，但他们一到安全的地方，弁庆立即跪在义经面前请求赐死，但义经原谅了他。

在这些古老故事发生的时代，是现代日本人心目中梦想中的黄金时代。这些故事告诉他们，在那个时代，"情理"没有"不愿意"的因素。如果它与"尽忠"相冲突，人们可以理直气壮地坚持"情理"。"情理"在当时是人们珍视的，是引以为自豪的。"懂情理"意即终身忠于君主，而君主则以关爱臣属作为报答。"报答情理"意即把生命献给对其有恩的君主。

当然，这只是一种理想。日本封建时代的历史表明，许多武士的忠诚在敌方大名的收买下不复存在。更重要的是，在后面你将看到，如果君主侮辱了家臣，家臣就可以名正言顺地离开主人甚至是投奔敌人。在日本，复仇与捐躯尽忠的作法为人所颂扬。两者都符合"情理"，忠诚是对君主的情理，对侮辱进行的复仇则是对自身名誉的情理。在日本它们是一块盾牌的两面。

然而，对于今天的日本人来说，那些关于忠诚的古老故事只是一个白日梦而已，因为"报答情理"已经不再是对自己的合法君主的忠诚，而是对各种人履行各种义务。如今当人们谈论情理时，往往充满不满的情绪，并且强调是舆论的压力在迫使人们不得不去违心地履行情理。他们说"这门亲事完全出于情理"，"我给他这份工作完全是出于情理"，"我必须见他完全是出于情理"。他们还经常说"受到情理纠缠"，总之，他们所要表达的是：我所做的一切都是不情愿的，但受情理所迫才这样做的。在农村，在小商店中，在上层财阀圈子里，甚至在日本内阁，人们都"受情理的强迫"，"为情理所逼"。一个求婚者可以凭借两家的关系或交易从而迫使他未来的岳父背负重担，或者一个人可以用同样的手段取得农民的土地。受情理所迫的人自己也觉得他不得不答应。他会说："如果不帮助恩人，外人会说我不懂情理。"这些说法正如辞典中所解释的那样，都有"不愿意"、"只是顺从于情面"的意味。

"情理"的准则是十分严格的，它必须回报。它们不像摩西十诫那样是一组道德准则。当一个人合乎情理却有时不得不放弃违反道德的事时，也常常会说："为了情理，原谅我不得不这样做。"而且情理的准则并不包括"爱邻如爱己"这样的内容。它们并不规定一个人应当真心主动地宽容他人。他们说："人们必须服从情理，因为如果他不这样，人们会说他们'是个不懂情理的人'，他们在世人面前也就抬不起头。"这种舆论使人们不得不遵循。实际上，"对世人的情理"在英语中常被翻译为"服从舆论"。

日本的"情理领域"中的准则类似于美国人的负债还钱的规矩，将两者进行比较对我们理解日本人的态度是很有帮助的。美国人并不认为对信函、礼品的回应或告诫必须像偿还银行贷款那样严格。美国人在经济交易中，宣告破产是对违约者的重罚。日本人则把不能报答情理视作人格破产，而生活中的交往都可能涉及某种"情理"。这说明美国人对涉及义务的细小言行并不介意，但日本人都会谨慎对待，这意味着日本人在复杂的社会环境中谨小慎微。

关于日本人"对情理"的观念与美国人还债的观念有一点很相似。就是对"情理"的报答与还债一样遵循等量关系，要保证不差毫厘。在这一点上，"情理"与"义务"不同。不论一个人做了什么，"义务"都不可能完全被履行，而"情理"则不是没有止境的。在美国人看来，日本人对报恩的态度是极尽所能的，但日本人则不这样看。美国人对日本人的馈赠习惯也颇为不解，譬如，每年两度，每个家庭都要包装一些礼品作为半年前所受馈赠的答礼，被雇佣者会年年送去礼物以感谢雇用之恩。但是日本人忌讳收超过馈赠的回赠，认为"赚礼"类似于"用小虾钓大鱼"是很不光彩的事。回报"情理"也是如此。

人们会把相互之间的交往，无论是劳务上的还是物品上的都做详细的记载。在乡下，这些记录或由村长保管，或由合作组保管，有些由家庭或个人保管。比如：出席葬礼通常需要送"奠仪"，亲戚还要送彩色布料以供制作送葬的幡。邻居都会前去帮忙，女人下厨，男人挖墓穴和制棺。在须惠村，村长有一个记录这些事情的账簿，以备受惠者的查寻。还有村中葬礼短期的往来，如同各种宴请一样。帮忙制作棺材的人会受到宴请，而帮忙者也要给丧主送一些食材以为膳食之资：这些食材也记录下来。举行宴会时，客人们也大都要带来一些米酒，作为宴会饮料。无论出生或死亡，还是插秧、盖房、联欢会，"情理"的交往都要仔细记录下来，以备日后回报。

日本人关于"情理"的习俗还有一点与西方借贷相似。如果回报超过预期时间，就会像利息一样增长。艾克斯坦博士讲述了他与一个日本的商人做生意的事，这位商人曾给艾克斯坦博士提供过去日本的旅费，让他搜集野口英世的传记资料。艾克斯坦博士回到美国撰写传记并最终将手稿寄回日本。可他之后并没有收到任何答谢和回信。这让他感到很不安，不安倒不是因为没有收到答谢，而是担心是否书中有些地方触怒了这位日本人，此后仍旧没有回音。几年以后，这位制造商给他打来电话，说他正在美国，不久以后他来到艾克斯坦博士家中并带来了几十棵日本樱花树。就是因为他的回报隔得太久，只有带来够重的礼物才合适。馈赠者对博士说："您当时不是要我立即回报吧！"

"被情理的这一习俗所逼"，很多人经常被随时间拖延而增长的情理所迫。例如某人向一位商人寻求帮助，而这位商人却无法拒绝，因为求助者是这位商人童年教师的侄子。当商人还是个学生时，是没有能力回报师恩的，而这种恩就在流逝的岁月中累积起来。最终他是在偿还对老师的债务，"以免遭世人非议"。

第八章　托举名誉

　　爱惜自己的名声，体现在情理上，是保证名誉不被玷污的义务。"情理"包括多种表示德行的行为内容，尽管这些表现在西方人眼中是相互矛盾的，但是日本人却认为它们完全是统一的整体，因为它们并不是人们必须尽的义务，也不属于"恩惠的范畴"，不是对他人施与的恩惠作出的报答。人们在维护自己名誉时，没有必要考虑他人对自己是否有恩情，要做的仅仅是依据自己的身份地位和应有的礼节行事，并且在遇到麻烦时能让自己的声誉得到维护。对名誉的"情理"还要求人们在被侮辱、诽谤时采取相应的行动，以此洗刷因诽谤为自己的名誉造成的玷污。洗刷的方法主要是采取报复或者自杀行动，除此之外，也可以采取其他不那么极端的方式。但绝对不可以没有反应。

　　对于我所提出的"对名誉的情理"一词在日语中没有相对固定的概念表述。在他们看来，这只是一种不同于"恩情"的"情理"。因此，可以这样来看"情理"与报恩的区别："情理"是一种报答社会善意的义务，体现在名誉上，主要就是报复或者复仇。这两者在西方各类语言中，分别属于"感恩"和"复仇"，是两个完全不同的范畴，但在日本人看来，这都是对他人的善意或是恶意做出的反应，都包括在同一种德行中。

日本人认为，这最具合理性。拥有高尚品德的人，无论对待恩情还是侮辱，都会认真地做出强烈的反应。他们并不会将恩情和侮辱分别来对待。他们认为，只有"情理"范畴之外的行为，才是侵犯行为。一个人在"情理"范畴内雪洗耻辱，这并不构成侵犯。这只不过是公平算账而已。在日本人的观念中，报复或清除他们所受到的诽谤、侮辱的举动，是世界不稳定的主要原因。维护世界稳定，是拥有高尚品德的人的责任。报复并不是罪恶，而是一种崇高的美德。这种美德曾在文艺复兴时期的意大利被极度赞赏，它与西班牙辉煌时期的勇敢精神以及德意志人重视的"名誉"也在某些方面有相通之处。甚至从某种程度上来讲，这和100年前导致了盛行于欧洲的决斗行为极为相似。无论是日本还是其他欧洲国家，一旦力主这种致力于珍视名誉的美德，超越物质意义和利益的道德价值观将成为核心，荣誉高于家庭、财产以及生命之上。这种美德和"情理"的定义相符，被这些国家当做精神价值的基础。他们宁肯在物质方面遭受巨大的损失，但在名誉上绝不让步。我们可以从这里看到明显的不同：在日本，名誉观念受到重视；而在美国，决斗和对抗成为美国人生活中重要的一部分。对美国人来说，名誉在政治或是经贸中并不重要，获得利益才是关键。仅有的一次例外，是在肯塔基山中因名誉而引发的战斗，除此以外，这种战斗再也没有发生过。

然而，并不是所有的亚洲民族都将这种对名誉的"情理"以及一切因其引发的敌对心理和报复行为当做最高道德。这也不是东方人的传统，中国人、泰国人、印度人就没有，这为日本人所独有。在中国讲求以德报怨，睚眦必报会被认为是没有气量和道德的行为。中国人认为，以怨报怨是小人的作派。他们同样也不会因此而永远忌恨对方。而泰国人则根本不会把这种事放在心上，他们同中国人一样，会让诽谤者自取其辱，但并不觉得这有损于自己的名誉。面对侮辱，他们会说："随便他们说什么吧，清者自清。"

　　要想完全理解日本人对于名誉的情理，只有将对名誉的情理置于日本的非侵犯性道德这一背景下。复仇只是特定情况下的一种手段。它还包括诸如克制隐忍等行为。禁欲主义对于一个自重的日本人也是很重要的，这种自我约束同样属于对名誉的情理。女人在生小孩时不可以大声叫喊；灾难来临时，男人必须保持镇定。当村子受到洪水侵袭时，有自尊心的日本人会带好必备的物品，秩序井然地撤到高处。在面对秋分前后的狂风暴雨时，日本人也同样会表现出淡定的神态。日本人的自尊心就体现在这样的行为中，哪怕再危难也要保持这样的神态。在他们看来，美国人的自尊心并不是这样。但在日本，身份越高越要表现出较高的自我约束。所以，在封建时代，对平民的要求低于对武士的要求。这些要求虽然并不太严格，但是每个阶层的人都必须遵守相应的规则。例如，武士被要求能够忍受肉体上的极端痛苦，而平民则被要求在受到武士的刀侵犯时保持顺从。

　　日本有很多描述武士坚忍的民间故事。他们有时快被饥饿夺去性命了，但是他们也要装出已经吃饱的样子，并且用牙签剔牙做为表示。士兵们将民间谚语"雏鸟以鸣求食，武士剔牙充饥"当作信条。他们不可以向伤痛低头。日本人的这种态度，就如同一个童子兵对拿破仑的问话做出的回答："你受伤了？""没有！陛下，我被杀死了。"一直到死，武士都不能流露出一点儿痛苦的神情，在痛苦面前，他必须保持坚强。据说，去世于 1899 年的胜伯爵出身于武士家庭，从小家境很贫困。小时候，他的睾丸被狗咬伤了，在接受手术时，他的父亲用刀指着他的鼻子说："不准哭泣，否则我会让你像武士一样死去。"

对名誉的情理还要求人们的生活不能违背他们的身份。否则，将会丧失自己的自尊。德川时代制定的《取缔奢侈令》中具体规定了人们衣食住行的每一个细节，拥有自尊的人们会不折不扣地去遵照执行。这种依据世袭阶级地位制定的规则让美国人很不理解，他们心目中的自尊是和提高自身地位紧密联系起来的，《取缔奢侈令》的内容显然和美国人的要求相违背的。在德川时代，农民给自己的孩子买玩具也要依据等级限定的来买。美国人对此感到震惊和愤怒。在美国，有另外一种平衡的方法。工厂主的小孩能够得到电动玩具，而农民的小孩可以用玉米棒做玩偶来满足自己。在我们看来，收入上的差异是现实存在的，由此而决定的消费水平也是应该接受的。我们并不认为依据收入的高低而买不同档次的玩具有损道德。有钱的人给自己的小孩买高级的玩具也在情理之中。但是在日本，致富是要受到怀疑的，并且会被认为是违背良心赚到的。甚至到了现在，日本人无论贫穷还是富有，都依然将遵守等级制度视为自尊心的体现，这是让美国人难以接受的。19 世纪 30 年代，法国人托克维尔在他所写的书的前言中就提到过这一点。托克维尔出身于 18 世纪的法国贵族家庭，虽然他高度地评价美国的平等制度，但他依然热爱和喜欢贵族的生活方式。他认为，虽然美国拥有各种独特的美德，但真正的尊严则是其欠缺的部分。"真正的尊严"就是"要认清自己的身份位置，不卑不亢。无论是王侯，还是农民都应如此。"日本人认为体面与否和阶级差异并无关联，在这一点上，托克维尔和日本人的观点是相同的。

如今，人们在研究各种文化时，对所谓的"真正的尊严"的看法，每个民族都不一样。如今的一些美国人有这样的论调："日本不可能获得真正意义上的自尊，除非他们能够建立美国式的平等制度。"这些人错误地以自己的种族习惯为行事标准。这些美国人如果真的希望日本能够拥有自尊，那么他们必须先搞清楚在日本人的观念中，自尊的基础是什么。我们也能像托克维尔一样，发现在现代世界中，所谓贵族式的尊严正在逐渐消失，取而代之的是一种不同于以往的、更好的尊严。这种变化也毫无疑问会在日本发生，但在现在，日本只能在它传统的基础上重建自尊。只有如此，日本人的自尊也才是我们所希望的那样。

除了安守本分，对名誉的情理还要求人们履行其他的义务内容。人们在借钱的时候以这种对名誉的情理作为担保。在二三十年前，人们在向人借钱时会保证说："若无力偿还欠款，我愿当众受人侮辱耻笑。"实际上，就算他到时真的无力还款，也不会有人当众侮辱他，在日本，没有把当众侮辱人作为惩罚的习惯。然而到了年底，应该还清欠款时，没有能力还钱的人为了维护名誉，或许会以自杀来了结。直至今日，在日本的除夕之夜仍有人自杀，目的就是不失名誉。

在日本，每个行业几乎都涉及对名誉的情理方面承担着责任的问题。在某些时候，当一个人被众人群起而攻时，日本人对"情理"的要求经常会出乎人们的意料。比如：某个学校发生了火灾，这并不关某些人的事，但也会有人为此而引咎自杀，因为大火损坏了天皇的御像。一些教师为了证明自己珍视情理以及忠诚于天皇，会冲入火中保护天皇的御像，即便有被烧死的危险。还有很多典型的事例，比如：有人在朗读教育敕谕或军人敕谕的时候发生口误，最终以自杀求得名誉。在日本，天皇的御名是要严格避讳的，在当今的天皇统治下，有人曾因为在不经意间为小孩取了"裕仁"的名字而将小孩杀死并且自杀，以此来谢罪。

日本对专业人员在名誉的情理方面的要求也是很严格的，但这并非美国人理解的在技术能力上要保持较高水平。为了维护教师的名誉，教师不能承认自己不知道某件事情，也就是说，对某一问题教师即使不懂，也不能说不知道。哪怕是专业方面只有初级水平的教师，也不允许别人指点自己。这种自我防御的心理，就是教师的对名誉的情理。对名誉的情理也同样存在于实业家当中，体现为企业已濒临破产也不允许任何人知道或察觉。在外交家方面，这种"情理"体现在不能承认自己采取了失败的外交方针。这一切"情理"都将人们和他们的工作紧密联系在一起，对他们在专业领域方面的评价就是对他们自身的评价。

当被指责失败或无能时，美国人也会有和日本人一样被污辱的感觉。例如：当被人恶语相加时，也会有暴怒的反应，但几乎不会像日本人那样采取自我防御的措施。当教师面对自己回答不上来的问题时，他认为与其掩饰，不如坦白承认，特别是在不能掩饰的情况下。假如实业家所实施的计划失败，他会考虑更改计划，而不会坚持自欺欺人的自尊，也不认为要通过辞职或退休的方式来承认错误。日本人有着源于传统的自我防御心理，不当面议论他人的失职，这被看做是一种处世智慧和礼貌。

当某种比赛失败时，日本人有时会表现得相当敏感。而所谓的失败有可能是这样一种情况：在争取一个工作岗位时，另一个人被录用了，而自己落选，或是在考试中被淘汰。失败的人会觉得自己无脸见人，即使这种挫折有时会转化为动力，催人上进，但更多时候，失败者会因此在众人面前抬不起头，甚至对自己失去信心，变得消沉和厌世。他会因为自己的努力被挫败而自我否定。竞争在美国一般会产生激励作用，而在日本人身上则相反。美国人认为竞争具有积极作用，从对竞争的结果测验中可以看出，竞争促使人们的工作普遍提高了效率，工作完成的也更好。在竞争环境下完成的工作，效果远远超过没有竞争的环境。而在日本进行的心理测验结果则恰恰相反。尤其是在成年人身上体现得最为明显，因为竞争对于日本儿童来说还只是游戏，并不需要特别关注。但青年和成年人在竞争环境中反而会使他们心不在焉，表现出懈怠的神情，致使工作效率降低。甚至是一个在独自工作时有很好表现的人，一旦与竞争对手一起工作，却会频繁出错，效率降低。他们习惯以自我而非他人为标准来评判工作成绩。有些日本学者对这种在竞争环境下成绩会变坏的原因进行了分析。他们发现，在竞争性质的工作环境下，人们会担心失败，而这种担心是造成这种情况出现的根本原因。激烈的竞争对于他们来说就如同侵略性质的进攻，他们的注意力会全部转移到竞争关系中，而无法专心于自己的工作。

学生最容易受失败情绪的影响，学生在对名誉的情理的重视程度不亚于教师或工厂主。学生队会因输掉比赛而陷入耻辱感中一蹶不振。失败了的划船选手会当场趴在船上痛哭流涕；在棒球比赛中惨遭失败的队员们也会抱在一起放声大哭。对此，美国人会说，这些家伙真是太糟糕了！按照礼仪，失败者应该向胜者表示敬意，并与其握手致敬。我们瞧不起那些动不动就悲痛欲绝的失败者，即使这并不代表没有名誉感。

现实中，日本人会想方设法避开激烈而直接的竞争。在日本，小学生之间几乎没有竞争，美国人对此难以理解。日本教师的责任是让每个学生根据自身情况发展自己，而不是让学生们互相比较。日本的小学里没有留级制度，同年级的学生受到相同的教育并且一起完成学业。成绩单上只记录品德方面的评价，不记录学习成绩。当竞争有时无法避免时，比如面对小学升初中的考试，学生们就会陷入极度的紧张中，在学校中经常会有因为考试落榜而试图自杀的学生。

日本人不喜欢竞争体现在生活的各个方面。日本人的伦理是以"恩"为基础的，并没有给竞争留出更多机会，而美国人则习惯通过竞争体现成就。日本对等级制的严格控制可能是很少有竞争的主要原因。家族内部也因为后辈不能和前辈竞争而很少有竞争，允许相互间的指责，但竞争不行。日本人也会惊讶于美国父子之间竞争使用自家的汽车，或是妻子和母亲之间竞争责任。

在日本，在不可避免的竞争者之间的竞争出现时，也会有中间人的角色出现，让这种竞争显得和平而没有硝烟。这个中间人负责在说媒、找工作、辞职以及其他日常事务中为当事双方传递对方的意见。例如，在男女双方讨论谈婚论嫁的大事时，双方家庭都会各自请来一位中间人，通过中间人来传递消息，这样就能够避免当事人之间因意见不统一时出现尴尬和责难的情形，因为对名誉的情理会在直接交涉中造成麻烦。而这些有利的事情都赖于中间人的工作，中间人也因此获得了声望，他们的功效也会得到双方的认可。为了能够顺利交涉，中间人通常会以自己的名誉作为抵押，因此中间人会尽力让自己的中介作用做的更好。中间人在帮助求职者打探雇主的意向，或是帮助雇员向雇主传达辞职的意向时，也是依据这样的方式行事。

为避免造成羞辱的情况发生，以至引发有关"名份的情理"的问题，日本人制定了各种礼仪制度。在日本，主人接待客人时，必须穿戴整洁并按照一定的礼节接待。因此，如果一个人要去拜访一个农民时，如果发现主人身着劳动服装，就应等待主人换好衣服。而主人在换上合适的服装并且安排好恰当的礼节之前，还要假装不知道有客人来。甚至主人有时不得不当着客人的面换衣服，即便如此，在准备妥当之前，主客之间也不可以对话。在农村，男青年向姑娘求婚要等到对方及其家人都已入睡之后才可以去。姑娘可以接受，也可以拒绝。在求婚时，男方要用毛巾蒙住脸，这样一来，即使被拒绝了，也不必担心因此而丢面子。这样做并非担心被姑娘认出来，而是为了事后可以否认自己曾经被拒绝过，这实际上是一种自欺欺人的做法。日本人之间还有这样一条礼节：如果制定的计划没有十足的成功把握，就尽量不要让人察觉。中间人在为人说媒时，有一不可或缺的让未来的新郎新娘在订婚之前见面的过场。他们要想尽办法让这种见面显得偶然，以免订婚失败，影响双方家庭或一方家庭的名誉。这种见面都由媒人担任主角，男女双方分别由自己的父母或是其中一人陪同，因此，一年一次的菊展、樱花展，或者是各公园、娱乐场所，都是他们"邂逅"的最佳场合。

日本人通过这些方法避免了失败带来的羞耻感。虽然他们十分重视不失荣誉的举措，但事实上，这种重视主要体现在尽可能地少受侮辱上面。虽然太平洋上的其他民族也同样重视这样的事情，但他们的方式与日本截然不同。

在以园艺为主业的新几内亚和美拉尼西亚等原始民族中，因被羞辱而引发的难以遏制的愤怒，常常是部落以及个人采取行动的动力源泉。例如，一个村落要举办一个大型宴会其理由是：别的村落嘲笑他们穷得连几个人都招待不起，有点食物还要藏起来怕别人看到，头领贫穷的连宴会都办不起来。这样，被激怒的村落便会因此大摆筵席，四处邀请客人，想方设法在外人面前证明自己不是这样的人，借此雪洗耻辱。这种现象在安排婚姻和经济往来时也很常见。即使是打仗交战也是如此，在交战时，开战之前，他们必须先进行一番激烈的对骂。哪怕是一点小事，也被他们当做大事而一战到底。这种动力让部落充满了活力，但没有人会称他们是礼仪之邦。

在这方面，日本人则与之截然不同，相比之下，他们可以称得上是礼仪方面的楷模。但礼仪上的限制也减弱了他们洗刷耻辱的必要理由。他们在化耻辱为动力的同时，还要尽可能避免受到侮辱。只有当传统的刺激手段没有效果或是十分无奈的场合下，耻辱才会被当做积极因素。日本能够在远东占据优势地位，并且在近十年中推动英美的战争策划，恰恰要归功于这种侮辱的作用。然而，西方人鉴于此对日本人做出的评论，又不十分准确，反而更适用于新几内亚以及经常使用侮辱手段的部落。战败后的日本人做出了种种让西方人出乎意料的行为，这说明西方人还不十分了解日本人在对名誉的情理的态度所致。

无论美国人认为日本是一个多么重视礼仪的民族，都不能轻视日本人在面对侮辱时的敏感程度或做出的极端反应。在美国人看来，随便议论别人一下不过就是一场游戏。而日本人对此却会小题大作，这让我们无法理解。日本画家牧野芳雄曾在美国出版了一部英文自传，并且在书中生动地描述了他在面对所谓的"嘲笑"时如何做出做为一个日本人的反应的。在写这本书时，他已经在美国和欧洲定居了多年，但他依然对这件事保持着强烈的感触，就如同他仍然居住在老家一样。他出身于地主家庭，是家里最小的儿子，父亲在当地是一个很有身份的人，年幼时的他受到全家人的宠爱，生活幸福快乐。然而在他还未结束童年时，母亲却不幸去世，接着父亲也破产了，他们为了偿还债务，不得不变卖了所有家产，从此家道衰败。牧野渴望学习英语，但苦于没有钱，只得到附近的一所教会学校看门，以便借机学习英语。一直到18岁，他都没有出过乡镇，但他下定决心要到美国去。

他说：我去拜访一个我最信任的传教士。我向他说出了自己想去美国的心愿，我希望在他那里能得到些有用的知识。结果却令我大失所望，他对着我提出的想法大叫："什么，就你也想去美国？"传教士的妻子也在屋子里，显然，他们两人的脸上表现出的都是一种嘲笑！在这瞬间，我觉得自己整个都木然了！我在原地默默地站了几秒，然后连"再见"都不说就回到了自己的屋子。我对自己说，"一切到此为止"。

第二天一早我就离开了。现在我想在此写出当时的理由。我始终认为，世界上最大的罪恶就是不真诚，而嘲笑就是最不真诚的！

我经常原谅那些发怒的人，因为发怒是人类的本性。对我说谎的人，我一般也能谅解，因为人性是十分软弱的，人们在许多情况下不能承受太大的困难，不说真话也可以理解。甚至是那些毫无根据的流言蜚语，我也能原谅，因为人们很难明辨是非，难免不深陷其中。甚至对杀人犯，我也可根据情由给予原谅。唯独对嘲笑，毫无原谅的余地。这是因为只有故意的不真诚，才会去嘲笑一个无辜的人。我要给这两个词作出我自己的定义。杀人犯：杀害他人肉体的人；嘲笑者：杀害他人灵魂与心灵的人。

灵魂与心灵远比肉体宝贵，因此嘲笑是最恶劣的品行。实际上，不管是有意的还是无意的，那对传教士夫妇都是在杀害我的灵魂与心灵，为此，我痛苦万分，也愤怒万分，我的心在呼喊，"你们为什么这样恶毒？"

第二天一大早，我就收拾好了行囊，甚至连个招呼也没有打就离开了传教士的家。

这个贫穷的男孩只是想到美国去，不料自己纯真的想法却遭到传教士夫妇的冷嘲热讽，他觉得这种嘲笑无异于"杀害"。他受到了名誉上的侮辱，只有实现愿望才能洗刷耻辱。因此，面对传教士的"嘲笑"，他只有选择离开，并且让人看到他有能力到美国去，只有这一条路才是可以洗刷耻辱的路。他用"不真诚"和"嘲笑者"来形容这个传教士，美国人对此感到不解，因为在他们看来，这个传教士表现出的吃惊完全是"真诚"的。牧野显然是根据日语的解读来使用这个词的，在日本人的概念中，不以挑起争端为目的的嘲笑是不真诚的，这种嘲笑没有依据，所以是不真诚的。

拿牧野芳雄的话说："甚至对杀人犯，我也可根据情由给予原谅。唯独对嘲笑，毫无原谅的余地。"既然不能够原谅，那么报复便是唯一的解决办法。牧野实现了去美国之梦，也因此洗去了耻辱。在日本遇到失败或受到侮辱时，报复被认为是高尚的行为，这在日本的传统中拥有极高的地位。那些为西方读者写书的日本作家经常会将日本人对报复的态度描写得详细而具体。就连日本最富博爱思想的人之一新渡户稻也在自己所著的书中写道："报复的过程有可以满足我们某种正义感的东西。我们的生活就像数学中的方程式那样严密，只有报复才能使方程式的两边保持平衡。"《日本的生活与思想》的作者冈仓由三郎也曾将报复和日本人的独特习惯联系在一起，他说：

"日本人很多所谓的心理特性，基本都是来源于对洁净的喜爱以及相应地对污秽的厌恶。除此之外没有更好的解释。因为我们生活中所受的教育让我们自然地把对家族名誉和民族自豪感的侮辱看做是一种污秽与创伤，如果我们木然于申辩或反制来加以彻底洗刷，就不会洁净与愈合。对于日本公私生活中司空见惯的仇杀现象，不妨看做一个正在进行的洗刷和疗伤举动。"

只有如此，日本人才会感觉到自己是在真正地过着一种如同盛开的樱花一样美丽而安宁的生活"。换句话说，这种类似于洗涤的举动，是在将他人丢在你身上的污物清洗干净，即使有一点儿污物留在你身上，你都算不上是贞洁的人。日本人不会接受这样的理念：只要你自己不觉得是受辱，你就不算是受到了侮辱，耻辱感只源于自己，与他人的行为无关。

日本的传统就是一再地将这种类似于"洗刷污秽"的报复观念展现在普通民众面前。民间流传着很多与此有关的事件和英雄，其中最脍炙人口的就是《四十七士》。这些故事被编入教材，编成了戏剧，拍成电影，印成了通俗读物，成为当今日本丰富的文化中的重要组成部分。

这些故事中所涉及到的失败有很多都是偶然性的。比如说有这样一个故事，一个大名拿出一把宝刀，让三个家臣鉴定一下是由谁制造的，三个人有三个不同的答案，于是他们向专家请教，最后得知是叫山三说的才是对的。其他两人因为回答错误而感到羞耻，于是他们开始找机会谋害山三。其中一人在山三睡着后，用山三的刀刺向山三，但山三只是受了伤，并没死。袭击山三的人从此走上了报复之路。山三最终被他们杀死，而他们也得以维护了自己对名誉的情理。

还有一些受到了主君的侮辱而进行复仇的故事。日本人认为，"情理"要求家臣对主君忠心耿耿，同时也要求家臣在被主君侮辱时与其反目成仇并且实施报复。其中，有一个德川家康的传说。德川家康曾经说自己的一个家臣是"会因鱼刺卡住喉咙而死的人"，意思是说他会以一种不体面的方式死去，这个家臣听说后，无法容忍这种侮辱，并且发誓一定要洗刷这一耻辱。当时，德川家康刚在江户设幕府，正专注于统一全国的事务，敌对势力还没有铲除干净。那个家臣对敌对势力表示，自己为了尽到"情理"，对德川家康进行报复，愿意作为内应火烧江户并最终达到了目的。西方人通常不能在根本上理解日本人的忠诚，因为他们缺乏日本人的"情理"并不只包括忠诚这样一种意识，在一定情况下也包括背叛。就像他们说的，"挨打会使人成为反抗者"，同样，受到侮辱会使人成为反抗者。

做错事的一方向没有错的一方进行报复，以及被侮辱的人向侮辱自己的人进行报复，这是日本历史故事中常表现的两个主题。在日本文学作品中，这两个主题经常被用多种手法进行体现。人们翻看一下如今的文学作品和现实事件就会发现，虽然日本人在古时候崇尚复仇，但是在当今就像西方人一样很少实际行动，甚至还没有西方人表现的更冲动。这并非因为他们对名誉的敏感度降低了，而表明他们在遭受失败和侮辱时，逐渐趋向于从攻击转为防御。日本人仍然相当重视维护名誉，但如今的人们更倾向于选择自我解嘲来代替争斗。这不同于明治之前混乱的时代，那时的人们很有可能为了报复而采取直接攻击。到了近代，由于经济状况、法律和秩序的不断严谨和完善，人们很自然地将复仇行动从明处转为暗处，或是藏于心中。这种情况在一些古代故事中也有所体现，比如主人会在请仇敌品尝的美食中藏入粪便，以达到报复的目的。然而，现在即使是这种不公开的报复形式也很少有了，人们更倾向于将报复的矛头转向自己。这样，人们就有两种报复手段可供选择：一种是将耻辱感转化为力量，完成"不可能"的事情；一种是忍气吞声。

如今，对失败、侮辱、愤闷的敏感，使得日本人多会选择自怨自艾而非怨天尤人。最近几十年在日本文学作品中经常会看到，有些有修养的日本人陷在极端愤怒和抑郁的情绪中难以自拔。他们厌倦生活、厌倦眼前的一切。但这种厌倦并非源于达不到理想或是理想与现实之间难以解决的矛盾，因为日本人只要心怀远大理想，无论目标多么遥远，都不会出现丝毫的厌倦情绪，并且认为一切的不顺心在远大理想面前都是微不足道的。而这种厌倦的真正源头是他们对感伤太敏感的且具有普遍性的病态心理。他们觉得被拒绝是恐惧的事情，并且会让自己经常受到这种恐惧的困扰，不知所措。日本的文学作品中所描写的厌倦和俄罗斯的文学作品所描写的厌倦是完全不同的心理状态。在俄罗斯的有些小说中，主人公的厌倦经常源于理想与现实出现的巨大反差。乔治·桑塞姆爵士曾经说过，日本人对理想和现实之间的反差没有概念。他并没强调这就是日本人厌倦的基础，而是为了证明日本人对人生的态度形成的原因。的确如此，在这种根本观念上，日本人与西方人的差异是大相径庭的，然而它和笼罩在日本人头上的忧郁有着相当深刻的联系。厌倦情绪经常出现在日本和俄国的小说中，而美国小说中却很少有这样的题材。美国的小说家习惯于将主人公的遭遇归罪于性格方面的缺陷或是外部环境的作用和影响，几乎很难见到单纯描述厌倦的文学作品。当文学作品中出现无法和外部环境和谐相处的人物时，对其原因和形成过程的描写也是必不可少的，这样，读者就能够从道义上对这个人物的性格缺陷或是社会制度中存在的弊端进行评论。日本也有一些描写无产者生活的小说，对糟糕的经济状况和社会上发生的可恶现象进行谴责。然而就像一位日本作家说的那样，在日本的小说中揭示出的是这样一种世界：人们爆发出的情绪就如同毒气一样飘荡在空中。日本人认为，根本没有必要为了弄清楚这股毒气的由来，而去分析文学人物的生活环境和成长历程。它本来就是来去无踪的，人们也因此容易受到创伤。在古代故事中，英雄习惯于攻击敌人，他们则将攻击的矛头指向自身。对于他们，没有明确的原因解释这种消极情绪。或许某件事会被他们当做忧伤的原因，但这件事也只是作为一种象征而已。

自杀是日本人在复仇、洗刷污点方面采取的最极端的措施。他们坚信，面对某些境遇选择适当的方式自杀不仅能够善后，还能在死后获得人们的敬重。自杀行为在美国是受到谴责的，人们认为自杀就是向逆境低头。然而日本人却认为自杀是光荣而有意义的，因此在特定的条件下无比推崇自杀行为。在某些时候，自杀理所当然地成为了最能体现对名誉的"情理"，而且是最体面的首选。因此，对于那些年底还不起债的人、负罪的官员、无法与相爱的人在一起的痴情者以及反对政府推迟对华战争的爱国人士和考试落榜的学生以及不甘心被俘的士兵，自杀就成了他们最好的选择。日本的一些有影响的学者都认为自杀的倾向是最近才在日本出现的。这种说法是否可靠，可以通过对历史统计的验证来确定，近年来，观察者确实常对自杀率做出过高估计。相比起来，自杀率在纳粹前的德国和 19 世纪的丹麦比日本任何时代都要高。然而日本人崇尚自杀，这一点是可以肯定的。日本人对自杀的欣赏，就如同美国人对犯罪进行大肆渲染一样。与杀人相比，他们更乐于关注自杀。培根说，自杀是日本人最崇尚的"刺激性的大事"。自杀话题能够带给他们的兴趣度，是其他话题远远不能相比的。

在近代，日本人的自杀较比封建时代故事中的自杀更具自虐倾向。历史故事中的武士是为了免受刑罚的耻辱而选择自杀，就如同西方军人为了不受绞刑，或者是被俘后不愿被拷问而选择自杀一样。武士被允许"切腹"自杀和普鲁士军官被允许用手枪秘密自杀如出一辙。当普鲁士军官无法挽回名誉的时候，他的上司就会把一瓶威士忌酒和一支手枪放在他房间的桌子上。而这种情况对于日本武士看来死是必须的，只不过采取方式不同罢了。在近代，经常有出于避免杀害他人的原因而选择自杀的情况，这种自杀代表着自我毁灭，这和封建时代那种代表着勇气与果敢的自杀是不同的。在过去的日本两代人的时间里，每当人们想到"世界不公平"，认为"方程式的两边"无法平衡时，就觉得有必要以"晨浴"的方式去除污垢，更多地选择毁灭自己而不是别人。

很长时间以来，自杀都被当做表明勇敢和决绝，而如今已经有了变化。德川时代有一个著名的历史故事，故事叙述的是一位德高望重的将军监护人，他为了让自己推荐的人继承将军职位，曾在将军和其他顾问面前抽出刀，以切腹自杀作为威胁，最终他的方式奏了效。他的目的达到了，但他也没有自杀。在西方人看来，这位老顾问是在对自己的对手进行讹诈。而在当今，这种表示抗议的自杀行为演变为殉道，而不再作为谈判手段。当意见没有改变，只有少数人在等级制度中获得相应的位置的状况时，大多数人都难以施展抱负，这便是厌倦情绪的根源。20 世纪 30 年代，日本政府怀疑知识阶层在散布"危险思想"，对其不信任，这让知识分子的心灵受到了伤害。日本知识阶层普遍认为，这是社会西化带来的影响，然而这种解释并不准确。从强烈的献身精神转变为强烈的厌倦情绪是日本人特有的情绪变化。很多知识分子都有过这样的体验。20 世纪 30 年代中期，许多知识分子使用传统的方式让自己避免这种厌世情绪：他们以国家主义为目标，将攻击对象再次从自身转向外界。在对外侵略的过程中，他们再一次"发现自己"。他们清除了精神上的阴影，重新获得了新的力量。他们认为，虽然在人际关系中，不能摆脱厌倦的情绪，但是在国家的对外侵略中，却一定能够大展身手。

如今，战败的结果使得这种观念成为了谬论，这让他们再次经受着消极心理的威胁。他们似乎陷在这种困境中不能自拔。一个在东京居住的日本人曾经说道："从炸弹的威胁中解脱出来了。然而没有了战争，我们也没有了目标，现在，不知道自己该做什么了。不仅我，就连我妻子也是如此，日本人全都像个病人，干什么事情都没精神，宛如一副僵尸。人们抱怨政府对战后善后工作以及救济事业的懈怠，但我觉得这是因为政府里的人和我们陷在同样的情绪中。"日本陷入危险的全民虚脱状况和法国解放后的情况是相同的。德国在投降后并没有出现这种情况，只是日本出现了这种情况。美国人对这种反应表示理解，然而也有让他们不可思议的地方，即：日本对战胜国表现出极大的热情。这样的情况几乎从战争结束就出现了，日本民众以极其友善的态度接受战败的结果和随之而来的一切。在迎接美国人时，人们热情地微笑、招手、鞠躬以及欢呼，没有流露出丝毫的敌对和愤怒。如果引用日本天皇在投降诏书中的话，那么他们是在"忍受难以忍受的事"。如果真是这样的话，那么日本人为何不赶快重建毁坏的家园呢？依照占领条件，他们有机会这样做，占领军只是占领了一部分地区，他们依然拥有行政权力。可是日本人只是一味欢迎占领军，而不去做马上应该做的事。但是，恰恰就是这样的日本人，在明治初期奇迹般地复兴了自己的国家，于 20 世纪 30 年代倾注巨大的努力做好了军事征服的准备，并且在太平洋上征服了诸多岛屿。

事实上日本人的这种表现并不是失常。他们的表现刚好符合了他们的本性。日本人的天性就是摇摆于顽强和消沉之间。如今，日本人将所有注意力都集中在维护战败的荣誉上，并且认为能够通过表示友好来达到这一目的。他们一致认为，面对既定的结果，以顺从的态度达到目标是最安全的，也是最明智的。因此便自然而然地出现这样一种想法：做的越多，错的也越多，那么还不如静下来消磨时光，于是，才开始有了消沉的气氛。

然而，这种消沉并非日本人所愿意的。"自己从消沉中站起来"，"把别人从消沉中唤起来"，日本经常用这些口号号召人们改善生活，甚至在战时广播中也这样宣传。他们通过自己的方式与消沉作斗争。1946年春天，日本的所有媒体都在反复宣扬，"全世界的目光都在注视着我们"，然而那个时候，很多轰炸造成的废墟还没有清理，一些公共事业也没有得到恢复，这严重玷污了日本的荣誉；那些无家可归夜宿车站的人也遭到了人们的指责，被说成是意志消沉，让美国看他们的可怜相，像日本人理解这些指责都是为了保全日本的名誉。

日本人越来越习惯于当对名誉的情理遭到威胁时，将攻击的矛头转向自己，但这并非代表着必须选择自杀这种极端方式。只有感到忧郁、和厌倦无力排解时，自我攻击倾向才会产生。做为一个民族，日本人都希望能在将来的联合国中获得一个受到尊重的位置。他们要重新开始为名誉而奋斗，但是和以前的目标不一样。在未来，假如大国之间能够实现和平相处，日本将继续为恢复名誉而努力。

对日本人来说，名誉是获得尊敬的前提，因此，名誉是需要长期维护的。为了名誉，他们会视情况的变化，相应地改变自己的行动方向。西方人习惯于将改变态度和人的性情相联系，日本人则与之相反。我们热衷于"主义"，以及意识形态上的观念，不会因为成败而轻易改变。在战败的欧洲，随处都有人聚集起来进行地下运动。日本人则除了少数顽固分子以外，都认为根本没有必要坚持以往的原则，采取抵抗运动和地下反击的行动也完全没有必要。从占领开始，美国人就可以在占领区独自一人搭乘火车去往任何一个地区，当地的民众与官员也会热情接待他们，从来没发生过恶性事件。当美国人在村子里穿行时，小孩们会站在路边对他们大声喊"你好"和"再见"，怀抱婴儿的母亲则拿起婴儿的手向我们挥手致意。

美国人无论如何都无法理解战败的日本人在态度上表现出的如此淡定。这甚至比日本战俘态度的转变还要让人不可思议。因为战俘觉得对于日本来说，自己已经死了，他们当然不知道一个"死"人还能做什么。了解日本的西方人几乎都无法预料到，战败后的日本也会有与战俘一样的变化。他们普遍认为日本人的头脑中只有胜败，并且誓死雪洗失败的耻辱。还有人说，日本的国民特性使得他们不会同意签订讲和的协议。这些研究日本的人对日本人的"情理"并不理解。他们以为日本人保持名誉只有复仇和攻击两种方式。但他们不知道，日本人还可能会采取另一种方式。他们将日本人的侵略理论和欧洲人的法则混淆在一起，而在欧洲的游戏规则中，任何战斗，无论个人性质的还是民族性质的，都要以永恒的正义为前提，并且要将愤怒和憎恨作为力量的来源。

日本人需要从另一个角度寻找侵略的理由，他们需要全世界尊敬他们，而武力是大国赢得尊敬的基础，因此他们要和大国并驾齐驱。资源的匮乏和技术的落后迫使他们使用比残忍的希律王更加极端的手段。但他们却以失败而告终，这无异于告诉他们用侵略的手段获取名誉是行不通的。"情理"包含侵略，当然也包含互敬互让，因此日本人在面对侵略失败时，能够自然而然地转变为互敬互让的态度，但维护名誉依然是其目标。

类似的举动曾在日本历史的其他场合多次出现过，这经常令西方人感到疑惑。在1862年，日本即将结束长期闭关锁国的状况时，一位名叫理查德的英国人被杀害于萨摩。发起攘夷运动的地方就是萨摩藩，那里的武士傲慢好战是全国闻名的。英国人派遣远征军攻打萨摩，并炮击鹿儿岛——萨摩重要的海港。整个德川时代里，日本人虽然一直都在制作火枪火炮，但他们只能仿造老式的。依鹿儿岛的能力显然是抵抗不了英国军舰的。然而这次炮击的结果却让人深感意外。萨摩藩不但没有与英国结下深仇，相反还主动示好。他们亲眼所见敌人的强悍，并尝试向敌人学习。有一个日本人曾这样描述过："他们和英国人制定了互相通商协议，并且在第二年将学校设立在萨摩，西方科学知识，友好关系以生麦事件为契机产生，并一天天加深"。生麦事件即指英国攻打萨摩与炮轰鹿儿岛。

这样的例子并不是个例。另一个和萨摩一样好战且排外的藩是长州，这两个藩带头煽动恢复王权。被架空的天皇政府颁布了一道敕令：1863 年 5 月 11 日之前，将军应将所有蛮夷赶出日本国土。将军没有理会这道命令，但长州藩执行了。他们在下关海峡的要塞，炮击每艘通过此处的西方商船。但由于火炮和弹药的威力不够，并没有给外国船只造成多大损失，西方各国为了惩处长州藩，便派一支联合舰队摧毁了要塞，并提出 300 万美元的赔款要求。然而炮击带来的结果却与在萨摩的情况同样令人惊奇。当谈到萨摩和长州事件时诺曼说："这些排夷冲在最前面的藩在态度上都立刻发生了转变。对于他们这种极现实的处事态度，不能不让人们表现出尊敬。"

这种现实应变特性反映出了日本人对"情理名誉"的光明面。就像月亮那样，具有两面性，光明的一面和黑暗的一面。美国的"裁减海军军备条约"和"美国限制移民法"等条款便因其黑暗面被日本看做巨大的耻辱，最后终于促使他们实施了战争计划，并且带来不幸。日本在情理的光明面作用下可以平和地接受由他们自己造成的战争恶果。对于日本的各种行为与它的特性应该是联系起来看待的。

日本近代的评论家和作家在对西方读者讲述日本"情理"时，通常称之为"武士道"或"武士之道"，这是对"情理"的内容有选择性的阐述，而有些误解也因此产生。"武士道"这个正式用语源于近代，它不像"迫于情理"、"一切出于情理"、"为情理倾尽全力"等那样，在日本拥有着植根于心的民族情感，并且它也不像"情理"那样有着多样性和复杂性。评论家们自己臆断了这些。另外因为这个词又被国家主义者和军国主义者用作了口号，所以武士道的概念也因这些领导人的身败名裂而蒙羞。这绝不表示日本人从今以后不再"懂情理"了。理解日本人的"情理"，对现今的西方人而言更重要于以往任何时代。还有把武士道与武士阶级混为一谈也是造成误解的原因之一。"情理"作为一种道德是所有阶级共有的。"情理"与日本其他一些规则、义务相同，随身份提高而"愈加重大"，比如，对武士来说，至少他比平民的要求会更高一些。外国的观察者认为"情理"似乎由于社会对普通百姓的回报最少，因而，"情理"对百姓的要求相对也最高。但在日本人眼中，他在自己的圈子里能获得多少尊敬，就代表回报的多少，最大的报答就是得到更多的尊敬。而且如果有人不懂"情理"，在现今仍会被别人鄙视和嫌弃。

第九章　谨遵的人情世故

　　像日本人这样的强调义务履行和把私欲看做是一种罪恶，与古典的佛教的教义有着极大的相同点。可是令人不解的是，日本的道德准则对人们的感官享乐却未做约束。日本可以算作世界上为数不多的佛教国家之一，不过我们看到他们的道德伦理与释迦佛典的教义并不一致。日本人不是清教徒，对于追求肉体的满足他们并不谴责。反而认为让肉体享乐是件好事值得培养。因此日本人尊重享乐、追求享乐，但要求享乐有度，不允许因为享乐而耽误大事。

　　这种严肃的道德准则常常让日本人处于非常紧张的生活状态中。所以日本人倡导感官享乐，这一点，同样生活在紧张之中的印度人要比美国人更能理解。美国人觉得享乐不能被过分提倡，更不理解日本人似乎还有意将享乐当做一种必要的学习内容来倡导，在他们看来，拒绝感观上的享乐是在抵御不良诱惑。事实上，日本人对待享乐确实如义务一样，而去刻意学习。不过，世界的许多文化并不是教人们如何去享乐的，正是因为这样人们更多地是吸收了如何作出自我牺牲。在一些极端文化类型中，对于被视为享乐的性也遭到了极度限制，以致于正常的家庭生活也因此受到影响。似乎，在这些文化要求中，男女之间的爱情与家庭生活是毫无关联的，家庭建立的必要性完全不在于爱情。现在回到日本人的问题上，他们便是一方面承认肉体的享乐，而另一方面又强调享乐有别于严肃的生活。这就使得日本人的生活变得非常复杂。一方面肉体享乐被当做艺术一样加以培养，另一方面在实现了享乐之后，他们便会把享乐丢在一边，又强调所谓的大事。

说到肉体享乐，日本人最喜欢的就是洗热水澡。不管是贫苦人，还是富豪和贵族，他们每天傍晚都要在热水中泡澡，这已经是日本人的生活习惯之一。通常他们会用木桶作为浴具，下面烧炭火，水要烧到华氏110度或更热。在泡澡之前先洗净身体，然后全身浸入热水，感受其中的舒适。泡澡的时候他们一般是抱膝而坐，一直让水浸到下颚。日本人喜欢干净的程度并不比美国人差，但像把泡热水澡当日常习惯在全世界国家中恐怕也是独特的。日本人常说，年龄越大，泡澡的感觉就越有情味。

对于普通的洗澡，日本人并不太讲究，只有泡热水澡时才是全神贯注的。如果是在城镇中，泡澡一般选择在像游泳池一样的大公共浴池，这样可以一边泡澡同时还可以与朋友相互聊天。如果在农村，因条件有限则是家人轮流泡澡，家里的女人负责所有人的洗澡水，在庭院里不断地烧，而家人们则心安理得地泡澡，即便是被外人看见也并不在意。对于大户人家要讲究泡澡的顺序，一般说来如果有客人在家首先是客人泡，然后按辈分排序，最后泡的是家里的佣人。每次泡完澡之后浑身都红的就像煮熟的虾一样，而这正是他们的乐趣，然后全家人团聚在一起，共享家庭中的欢乐。

日本人还非常重视恶劣环境下的"锻炼"，这也被他们视为像泡热水澡一样的享乐。传统的锻炼包括冷水浴，这被称为"寒稽古"或称"水垢离"，虽然现在已经与传统形式有所不同，不过这种习惯仍然很盛行。这种锻炼方法要求要在天还没有亮的时候出去，坐在冰冷的山间瀑布之下；或者在寒冷的冬夜，到没有任何取暖设备的房间里往自己身上泼冷水。帕西瓦尔·洛维尔将19世纪90年代在日本盛行的这种习惯做了记述：一些希望自己能够拥有医治疑难杂症或者有预言能力，又不想做僧侣或神官的人就必须在睡觉之前进行"水垢离"的锻炼。按日本人的传说夜里凌晨两点是"众神入浴"的时刻，此时同样要起来再进行一次相同的锻炼。此后，早、中、晚还要各进行一次。尤其是对有一些准备学习乐器或其他手艺谋生的人则更喜欢这种苦行锻炼。除了洗冷水澡外，日本人为了让自己身体健壮，还会在寒冷的冬天将自己赤身裸体地暴露在外。据说，正在学习写字的孩子们都要经过这种锻炼，即便是手指冻僵、出现冻疮也不会停止。日本现在的很多小学教室里没有供暖设备，似乎也是源于这一点，据说这种锻炼对于孩子意志力的培养大有好处，以便他们以后能够适应生活中可能会遭遇到的各种苦难。对西方人来说，印象更深的则是日本孩子经常被冻得感冒和流鼻涕，但也只能习惯。

　　睡眠也是日本人的享乐内容之一，而且他们尤其熟于此技。对于多数日本人来说不论什么姿势，甚至在我们看来根本就无法入睡的情况下，日本人也能舒舒服服地进入梦乡。这让很多研究日本的西方学者对此感到不可思议。在美国，人们几乎把失眠等同于精神紧张，而我们又一向认为日本人是一直处于紧张状态中的民族，他们怎么会这样就能轻松入睡呢？日本人通常晚上很早就睡觉，这在东方各国中还是比较少见的。农村中的村民们多数都是天一黑就熄灯睡觉了。我们会觉得如此早睡肯定是明天有很繁重的活等着去干，可是日本人早睡的习惯与此无关，他们从来都没有这样的考虑。一位通晓日本人生活的西方人曾经写道："如果是在日本，那么你有日本人早睡是为第二天准备更好的工作的想法是愚蠢的；你要把睡眠本身和所谓的解除疲劳、休息，保养等事情分开来看。"日本人把睡眠单独视为一件事，跟其他之事无关。根本不是象美国人想的睡眠是为了保证体力恢复。我们很多人，早晨醒来的第一件事会回忆一下昨天晚上睡了几个小时。日本人没有这些考虑，他们睡觉就是为了睡觉，因此只要没有人妨碍，他们就会睡上一觉。

在喜欢睡觉的同时，日本人也会在需要的时候把牺牲睡眠毫不当一回事儿。比如：马上就要考试的应考学生会一晚不睡地进行复习，而完全不考虑不睡觉是否会影响考试的问题；正在训练的军队，根本没有什么时候睡觉的概念，睡眠完全按照训练安排来决定。1934 年到 1935 年，杜德大尉服务于日本陆军，他曾经说起过自己与手岛上尉的一次谈话，他说："有时候部队演习，士兵要连续行军三天两夜，在这期间，只有十分钟短暂的瞌睡时间，除此之外根本没有睡觉的时间。一些士兵们在路上边走边打瞌睡，其中一名少尉真的睡着了，一头栽到了路旁的木堆上，引来周围人的哄笑。当我们回到兵营的时候，仍没有允许去睡眠，而是被分配去站岗或巡逻，我问道：'怎么不让无事的人去休息呢？'手岛上尉说：'不用，睡觉他们都懂，但是他们不知道怎样不睡觉，现在就是在训练他们不睡觉。'"这段话对了解日本人对睡觉的态度可见一斑。

如同上面说到的洗澡，睡觉一样，在日本人的生活中，吃饭也是一种包含在享乐中的方式，同时又体现着严格训练的一项内容。空闲时，日本人喜欢烹调，对菜的色味都十分讲究。不过这不仅仅是一种享乐，也体现一种训练方式。埃克斯坦曾经引用了一位日本农民的话："快吃快拉也是日本人的美德之一"。"吃饭不是大事，目的只是在维持生命，越快越好。特别是男孩，要让他们学会快吃，而不是像欧洲人那样，让他们细嚼慢咽"。在一些佛教寺院中，僧侣们会在吃饭之前做感恩中把食物看做良药，这意味着，吃饭对于修行人来说不是享乐，而是医治身体的必备品。

在日本人的心中，绝食是检验一个人意志是否坚强的好办法。就像洗冷水澡、锻炼不睡觉一样，忍受饥饿也是一种忍受苦难能力的锻炼。一个已经几天没有进食的武士也要手拿牙签剔牙，像是刚吃饱一样。这种考验不仅是生理上的还包括精神上的。因此能够经受住绝食考验的人，在日本人看来，其体力不仅不会因为饥饿而下降，反而能够因为精神胜利而大大提高。对此，我们都会认定这是非常可笑的认识，因为我们认定了一个人的身体状况是和营养与热量有关系的，没有营养就没有体力，可是日本人像我们否定他们一样的否定我们。于是，我们就见到了前文曾经提到过的，战时东京的广播电台会让在防空洞内避难的人通过做广播体操而缓解饥饿。

日本人也崇尚浪漫主义的爱情，并把这做为培养"人情"来对待，尽管这与日本人的婚姻方式、家庭义务完全相反，但也是人之常情。日本的小说中不乏这样的题材。有一些就像法国文学作品中的模式，已经结婚的主人公和他的婚外恋故事。日本人喜欢的话题还包括殉情。由日本女作家紫氏部写的小说《源氏物语》就是这样一部杰出的描写爱情的小说，说它与当时世界上其他国家在当时的伟大小说相比，同样是一部伟大的作品一点都不过分。而在封建时代与大名或者武士们有关的爱情故事更是异彩纷呈，今天的很多小说还取材于此。跟近邻中国比起来，两国在文学上的差异是非常明显的。中国人很少谈论浪漫主义的爱情或者"性"享乐，以免因此而发生一些人际纠纷，从而损害家庭生活的安定。

在这一点上，美国人理解日本人要比理解中国人要容易一些。但美国人的理解仍然是肤浅的。日本人在性享乐的问题上没有那么多在我们看来的禁忌。似乎日本人在这一领域对于伦理道德并不很严肃，但我们却十分看重。日本人认为，像别的"享乐"一样，我只要把"性"放在不至影响人生大事时是不会受到非议的。追求"享乐"是没有罪恶的，性既然是享乐的一种，追求性也就属当然，这与伦理道德是两码事。英美一些人士说日本人的很多珍藏画册都包含着淫秽内容，他们还认为吉原是一个充满悲剧的地方。这样的评论日本人很敏感，在日本最初与西方人接触之时，他们便参照了外国人的一些评论，制定了很多法律，以便让他们的习惯更贴近于西方。但是，不得不承认，任何法律都无法改变文化上的差异。

现实中在英美人士的眼中觉得很不道德和十分猥琐的事情而在一些有教养的日本人那里却遭到反对。原因是，我们并没有注意到日本人那种"享乐但不能耽误人生大事"的观念所起的作用。因此，我们也无法理解日本人为什么对待浪漫主义的爱情和性享乐的态度如此宽容和放纵。在日本人那里，爱情和性享乐是两个概念，彼此之间含义清楚。两者是独立的领域，都可以公开、可以坦率，这一点与我们的观念是不一样的，我们觉得关于爱情的问题没什么见不得人的，而关于性的问题是不便公开的。日本人则觉得前者是人生中非常重要的义务品德，而后者则只不过是一种无足轻重的消遣。这样的区分，可以让一个人即可以成为一个家庭中的模范父亲还可以是一个市井中的寻花问柳者。日本人也不会像我们美国人一样，把恋爱和结婚看成一件事。我们认为恋爱的目的就是婚姻，而结婚是爱情的极致。如果婚后，丈夫有出轨行为，那是对妻子的一种伤害，因为丈夫把属于妻子的东西送给了别人。可是这些观点在日本人那里说不通。对于婚姻的问题，他们遵从的不是爱情而更是家长的意见。丈夫和妻子之间也要表现出彼此的敬爱，但不能超越各自的身份，即便是一个相对开明的家庭，父母也不会让小孩子们看到他们的真实而私密的生活。一位现代日本人在一本杂志中写道："在日本，结婚就是为了生儿育女，传宗接代。除此之外的任何其他目的，都是歪曲了婚姻的真正意义。"

婚姻的这种意义并没有让日本男子受到任何束缚，相反，一旦他们有了闲钱就会去找情妇。但他们不能把自己的新欢带到家里来。因为这违反了把两种不同范畴的生活混在一起的原则。他的情妇有可能是一个精通音乐、舞蹈、按摩或者其他技艺的艺伎，也可能是妓女。不管是艺伎还是妓女，他得和这名女子的雇主有一个契约，这样做是为了预防这个女人被抛弃，在这份契约中还规定要写上给女方一定金钱，为其别建新居等内容。除非情妇有了孩子且男人准备带这个孩子到自己的家中抚养时，这个女人才能够进入男人的家里。进门之后的这个女人并不拥有像中国的妾一样的身份，而只是一个佣人。她的孩子也不能跟她叫母亲，只有正式的夫人才是孩子的"母亲"，生母与孩子的关系不会被承认。这与有着传统习惯的中国的那种东方式一夫多妻制是迥然不同的。日本人在关于家庭的义务和寻欢作乐上的界线非常清楚。

在日本蓄养情妇的多是有钱的上流人士，一般的男子只是在外面寻找艺伎或者妓女消遣。在日本，这种消遣是公开的，丈夫要出去玩，妻子还会为他梳洗打扮，而丈夫在妓院玩乐的账单也会被送到妻子手中，她会照单付款，这在日本被视为理所当然。对于这些，妻子有可能非常不快，但也只是敢怒不敢言。一般来说，艺伎的花销比在妓女的花销要多，男人们在艺伎那里主要享受的是那些经过专门训练、穿着入时、有着得体举止的美女款待。若是看中了哪位艺伎，希望进一步发展，那就必须签订契约，成为这位艺伎的保护人而明确认定这是他的情妇，但也有因为男的过于优秀而征服了艺伎而让其自愿献身的情况。当然，在艺伎那里过夜并不排除其中的色情之事，无论她们的舞蹈、歌谣，还是举止、风趣，虽然十分传统，但却十分轻佻，而且艺伎会把家庭生活中妻子不会表现出来的东西表现出来。总之，这是家庭义务以外的另外一种生活，是对"孝的世界"的一种解脱。没有什么理由不去追求这种生活，只不过这两种生活必须要有所区别。

妓女所在的地方都是较集中的烟花之地。有一些男人因为在艺伎处没玩尽兴便会再去妓院。这里的花费会低于艺伎，所以想玩但手头又不宽裕的人便直接去妓院玩乐。通常妓女的照片会挂在妓院外面，去享乐的人可当众不必避讳地品评挑选。妓女身分低微，大都是因为生活所迫而干此行当的，她们没有经过专门训练，不会艺伎所掌握的艺术。最早人们挑选妓女的时候，妓女就坐在嫖客面前，面无表情地听任他们挑选，直到后来遭到了西方舆论的抨击之后才改成了现在的挑选照片的方式。

日本男人选定一位妓女后可以和妓院签一项契约，这样这位妓女就变成了他的情妇。契约在一定程度上可以保护这位妓女。还有一些与行业的老板与他雇用女侍或女店员产生感情，她们会成为老板的情妇，但可以没有契约，即所谓的"自愿情妇"，她们没有任何保障。这种自愿情妇的出现是男女之间产生了真正的爱情的结果，但他们之间的恋爱不属于日本"义务世界"范围之内。

在日本的"享乐"范围之内，还包括同性恋。在古代的日本，很多上层人物如武士、僧侣等，就把同性恋看做一种公认的享乐。明治时期，为了赢取西方人的好感，日本废除了很多旧习，其中包括同性恋。可是在日本社会中，仍然有人把这种习惯当做"享乐"内容，而没有完全被禁绝，只要它不影响家庭关系被限制在必要的范围之内便被默认了。正是因为这样，日本人"同性恋"发展到组建家庭共同生活的情况。日本有一些自愿的职业男妓，不过这也仅限于同性之间的享乐，彼此不涉及正常生活。美国也有同性恋的问题，不过让日本人感到吃惊的是有的成年男子会主动扮演"被动角色"，因为在日本，"被动角色"一般都是少年，如果是一个成年男人作为"被动角色"，这有损尊严。这就是日本人与我们并不相同的地方：可以做某些事但是不能失去自尊。

　　日本人也不认为自慰行为涉及道德问题。日本人发明了世界上任何其他民族都难以想象的各种自慰工具。当然，他们对此在努力避免在这方面有过头的渲染，尤其不希望外国人对此有所指责。不过他们从来不认为这是什么不好的东西。在西方，人们对手淫行为强烈反对，大部分欧洲国家比美国的反对程度更加强烈。大人们会对小男孩说手淫能得神经病，自慰会让头发秃掉等。母亲会监视着孩子，如果孩子有此行为，便以非常严厉的方式进行惩罚，包括绑住孩子的双手；或者对孩子说，上帝会惩罚这种行为的。日本的孩子没有这种体验，成年后的他们也自然不会有我们那样的态度。他们完全不认为自慰是一种罪恶，反而认为这是一种享乐，只要能够把它置于严格的适度范围内是不影响什么的。

　　酗酒在日本同样是不被反对的。日本人在知道美国人要禁酒的时候，觉得这是一种奇怪的作法。他们对于我们为号召禁酒而举行投票的活动更是诧异。在日本人看来，饮酒是一种乐趣，只要是一个正常人都不应该反对，正常人也不会被它所困扰。就像不必担心日本人会产生同性恋婚姻一样，也不必担心日本人会成为一个嗜酒如命的醉鬼，事实上，酒精中毒在日本也很少听说。他们把喝酒作为一种愉快的消遣，如果有人醉酒，也不会引起家庭以至周围人的反感。他们不会把酗酒与胡来联系在一起，没有人肯定醉酒之后的父亲会无缘无故打自己的孩子。更多的情况是喝过酒的人们几乎都是纵情歌舞，少了很多平日中的严肃和拘谨，这些场景随处可见，在乡村的酒肆，人们甚至会坐在对方的腿上有说有笑。

日本人习惯上是把饮酒和吃饭严格地区别开来。宴会上，开始吃饭的人也就意味着他不会再喝酒。在日本人那里，这是两个不同的"圈子"，彼此界限分明。如果是在自己家里，可能他会先吃饭，饭后再喝点酒，可是绝没有边喝酒边吃饭的情况，只能一样一样地享受，不能同时享受。

日本人这种几乎与西方截然相反的"追求享乐"的观念，从根本上把西方人认为的人生中充满了生理和精神两种力量对抗的哲学所推翻。日本人没有把生理上的需求当做罪恶，让生理享受快乐与犯罪完全不沾边。精神和生理并不是彼此对立的两大势力，从这个信条的逻辑中我们能够推导出一个结论：这个世界不是一个绝对的充满着善与恶彼此斗争的世界。乔治·桑塞姆写道："日本民族在其整个发展过程中，对于恶的问题一直重视的不够，或者换句话说，在某种程度上日本人并不愿意解决这些恶的问题。"其实，日本人从来都没有把"抓住恶的问题"当成一种人生观来进行批判，为恶必不能长久。日本人相信每个人都有两个灵魂，但这两个灵魂不是善和恶，而是"温和的"灵魂和"暴躁的"灵魂，在人的一生中、在一个民族的历史中，既有他们"温和"的时候，也有他们"暴躁"

的时候，不存在其中一个灵魂将来会进地狱，而另一个会上天堂，这两个灵魂都是人的生命的一部分，缺一不可，并且在不同场合中它们都是正义的。

同样，日本人所尊崇的神灵同样也体现出善恶两个方面。日本最著名的神灵是天照大神的弟弟——素盏鸣尊，他是一位"迅猛的男神"，对自己的姐姐非常粗暴，在西方对神的定义中，他就是魔鬼。一次素盏鸣尊来到他的姐姐天照大神的房间里，姐姐怀疑他会图谋不轨，因此要赶他出去。于是，素盏鸣尊便开始肆无忌惮起来，当她姐姐与侍者正在饭厅里举行尝新仪式的时候，素盏鸣尊竟然向碗里泼撒大粪，他还肆意毁坏人间稻田的田埂，这是滔天大罪。而更过分的，也是让西方人最难以理解的是，他竟然在姐姐的卧室上方打了一个窟窿，将一只"剥了皮"的斑驹放了进去。于是诸神对十恶不赦的素盏鸣尊进行审判，判了他重刑之后驱逐出天国，流放到"黑暗之国"。可是，日本人并未因此而排斥这个神，他仍然受到了日本民众应有的尊敬。类似的神话故事在其他文化中也有，恶神总是有的，可是一般说来在更高的伦理宗教中，它们是要遭到排斥的，人们多数喜欢把超自然的东西也分成善恶两个集团，他们之间黑白是非都十分清楚，或许这样更符合西方人所熟悉的善与恶的宇宙斗争哲学。

日本人却不认同思想家和宗教家们数百年来一直都在不断阐述，将善恶对立的道德律与日本的现实是不相符的。他们明确表示：这正是日本人所信仰的道德的优越性。他们还强调说，中国人把"仁"作为最高的道德，是针对那些有缺点的人或行为的不足不得不为的措施。日本 18 世纪的著名神道家本居宣长说："这是适合中国人的，因为这种德行可以约束中国人的劣根性。"而近代日本的一些佛教思想家和信奉国家主义的人们也把同样的观点在不同场合宣讲出来。

他们认为，日本人是性善的，日本民族的德行可以信赖，因此没有与自己的性恶进行斗争的必要和可能，人们只要让自己的心灵纯净，在不同的场合中让自己的举止行为得当就足够了。日本人更加强调的是自己的修身而不是与恶进行斗争，只要让自身没有污秽，那么"恶"就是不存在的，而人的善性也就成了生命的主要表现特征。日本的佛教更加强调凡人都可以成佛，高尚的品德不在于浩如烟海的佛经中，而在于修行人自己的悟性和保持自己的心灵不被沾污。因此，还有什么理由怀疑心灵中不能发现善呢？没有谁与生俱来是恶的。我们都知道基督教圣经《诗篇》中"我诞生在罪孽之中，当我还在母亲怀胎的时候已经有了罪。"日本人不相信原罪学说，他们不认为人是堕落的，"追求快乐"是上天的恩赐。因此不管是哲学家还是农民都不应谴责它。

对于美国人来说，持这样观点时，很容易在日本之中导致一种放纵自我的哲学。可事实是，像前面说的，日本人自认为人生最重要的事情是履行好做人的"义务"。他们非常认同进行报恩的义务就要牺牲个人欲望和享乐。他们也认可一生只是为了追求享乐是不道德的。只顾及欲望和享乐的想法会让自己堕落。他们对于享乐只是严肃生活之外的一种消遣，若是把享乐当成一件郑重之事，甚至把它提高到和国家与家庭的恩情相当的地位，那是一种不可思议的愚蠢想法。他们非常明白履行"忠"、"孝"及"情"的义务非常困难，他们为这些无法逃避的困难做好了充分的准备。但是在关乎日本人尊严的"义务"面前，他们依然能够毫不迟疑地放弃自己的一己私利。这需要坚强的意志才能做到，而具备这样的意志正是日本人值得称赞的美德。

与日本人这种见解相呼应的是：在日本小说或戏剧中，很少有

"大团圆"的结局。这种喜剧的效果是美国人所喜欢的。他们总是希望剧中的主人公能够永远生活在幸福中，他们愿意看到剧中人的美德能够得到好的回报，如果他们为故事而感动得流泪，那大多是因为剧中主人公死于非命了。相对于成为牺牲品，大家更希望善良的主人公能够万事如意，有一个美满的结局。日本的观众却会更被因为命运主使男主角最终走向悲剧或者美丽的女主角不幸遭到杀害的结局而为满足，只有这种体现悲情的落幕才是让日本人达到醉心欣赏的程度。很多人去戏院就是为了感受这种悲剧情节，包括现在的很多日本电影，也同样选择男女主角所遭遇的苦难作为故事的主题。互相深爱的两个人但最终却放弃了所爱的人；或者他们虽然结了婚但其中一方却因为不得不履行自己的义务而自杀；也或者妻子为了丈夫的理想心甘情愿地奉献自己一切，在丈夫即将成功的时候，而选择孤独地隐身，让丈夫有一个自由的生活空间；或者当丈夫一朝成名之时，妻子却在贫病交迫中带着欣慰死去，如此等等。总之，日本戏剧追求的效果不是皆大欢喜，而在于能够唤起人们对于男女主角自我牺牲精神的同情和感动。剧中的人物所遭受的苦难并非命运的安排，而是他们为履行义务所做的奉献，不管在他们面前制造了多大的不幸和艰难，他们从来没有想过逃避自身的义务，而是选择了在正途上所要做的。

　　这样的理念在日本的现代一些战争电影中也有体现，一些在看过这些电影的美国人说，这是最好的反战宣传。是典型的美国式的反映。因为他们在这些电影中反应的都是惨烈的牺牲场景，看不到诸如阅兵式、舰队演习或者巨炮展现等让人鼓舞的场面。不管是以日俄战争为题材的电影还是以中国事变为主题的电影，其格调都是一样的：泥泞的道路中艰难的行军，惨烈痛苦的苦战和前途未卜的熬煎等。电影的银幕上没有任何能够看到胜利希望的镜头，也看不到士兵们带着热情高喊"万岁"的冲锋镜头，代之的只是泥泞、荒凉和衰败的中国旷野和小镇，也或者是这样的故事：一家三代为国而战，而仅存的幸存者最后也不幸地变成残废、瘸子或者盲人。或者是一个失去生计维系的家庭集聚在一起悼念刚刚在战争中战死的丈夫或父亲而后又继续鼓起勇气活下去的故事。像英美骑兵在战场上纵横驰骋的动人场景在日本电影中是看不到的。另外，日本也很少有描述伤残军人复员返乡后生活的电影，甚至也没有涉及战争目的的电影。对日本观众来说，只要让他们看到所有的人物都得到了应有回报就足够了。因此，被我们看做是能够作为反战宣传的电影在日本正是起到了为军国主义者宣传的作用。拍摄电影的人知道，这些电影不会激起日本观众的反战情绪。

第十章　两难的道德困境

日本人对"忠"、"孝"、"情理"、"仁"和"人之常情"这些道德和伦理内容有种种行为准则，它们构成日本人的人生观。他们将其认为的"人的全部义务"，分成不同的种类，就好像是地图上标示出来的不同的地区。用他们的话说，一个人的生活包括"忠的世界"、"孝的世界"、"情理的世界"、"仁的世界"和"人之常情的世界"，还有许多其他的世界。每个世界都有特定的具体的规则；一个人判断他人，不会说他的人格有问题，具体地指出他的缺欠，比如：他会说"他不知道'孝'"，或说"他不知道'情理'"。即：明确地指出他在哪个特定领域违反了规则。他们不会施用绝对命令或箴言。行为的恰当与否是和所处的世界相关联的。当一个人"尽孝"时，他只是在尽孝。当他在"为情理而行动"时，或者"在仁的世界里"行动时，他会有完全不同的行为表现，这在西方人就会得出另一种判断。这些规则都是这样设定的：当世界里的情形发生变化时，就可能相应地需要截然不同的行为表现。家臣对主子的情理要求最大的忠诚，但如果出现了主子侮辱家臣的情况之后，出现家臣背叛的情况也就不是大问题。直到 1945 年 8 月 14 日前，"忠"都要求日本人与敌人战斗到最后一个人。当天皇通过广播颁布投降诏书时，"忠"的要求发生了变化。日本人顺从了天皇，"忠"此时不是消失了，而是从另一个理念的角度体现了。

这让西方人感到迷惑不解。根据我们的经验，人们会按照自己的性格行事。我们区分好人和坏人是看他们是忠诚还是背信弃义，是合作还是顽固。我们把人进行分类，目的是分清他们是慷慨或吝啬，主动合作或疑心深重，保守或自由。我们欣赏每个人都相信某种特定的政治意识形态，并且坚持不懈地与敌对意识形态做斗争。在欧洲的战争经验中，我们既看到了合作派，也看到了抵抗派。我们有充分的理由怀疑，在胜利日之后，合作者会改变立场。在美国国内的纠纷中，我们认为会出现支持和反对新政的两派而且我们相信当有情况出现时，这两大阵营都将按照自己的性格行事。如果某些人转变立场，如，由原来的不信教变成了天主教徒，或者这样的结果将是一个激进人士变成保守派——我们应该称这种变化为"皈依"，这样的结果将是树立一种新型人格以适应这种变化。

西方人相信行为的完整性，当然，我们并不总能证明这种信任是肯定的，不过，它也不是幻觉。在大多数文化中，不管是原始的还是文明的，男人和女人都会以行动昭示自己分属哪类人。如果他们崇尚权力，他们就会以别人是否服从他们的意志来判断他们是成功还是失败。如果他们喜欢得到爱护，受到冷遇会使他感到挫折。他们会把自己想象成严厉而正直的人，或者具有"艺术家气质"，或者是优秀的家庭至上主义者。他们自己的性格一般都具有某种完整形态，它给人类的生活带来秩序。

西方人难以理解：日本人能在没有心理压力下，从一种行为转向另一种。因为西方人从未体验这些极端的可能性。但是，在日本人的生活中，那些在我们看来是矛盾的因素深深扎根于他们的人生观，正如一些一致的因素扎根于我们的人生观。尤其重要的是，西方人应该意识到，日本人把生活分成一些不同的"区域"，这些"区域"不包括任何"邪恶的领域"。这倒不是说，日本人认识不到邪恶的存在，而是他们看不清人类的舞台正上演着善与恶的战斗。他们把人生看做一出戏，要求认真地去平衡一个"世界"和另一个"世界"、一种过程和另一种过程之间的关系；每一个世界和每一个过程本身都是平衡的。如果大家都遵循其真正的本能，那么每个人都是好人。正如我们所看到的，日本人甚至认为，中国人的道德规则恰好证明中国人缺乏那种道德，从而证明中国人的劣根性。他们说，日本人就不需要各个方面的伦理规范。用我们已经引用过的乔治·桑色木爵士的话来说，他们"不解决邪恶问题"。根据他们的观点，确认坏行为是不需要上升到那样的高度的。尽管每一个灵魂原本都闪耀着道德的光芒，就像一把崭新的刀，但是，如果不经常擦拭，它也会锈蚀。正如他们所解释的，这种"身体上的锈"跟剑上的锈一样可恶。人们既然愿意擦拭刀，也就应该以同样的态度照料他们注意陶冶他们的心灵。

不过，哪怕在锈迹下，那颗闪闪发光的灵魂也依然存在。我们所需要做的，就是时常地对它进行磨砺，使它光彩如新。

由于日本人的这一人生观使他们的民间故事、小说和戏曲让西方人难以理解，除非将其加以改写，以符合我们对性格一致的要求和善恶冲突的要求；正常像我们常做的那样。但是，这不是日本人看待这些情节的方式。他们的评说是：主人公深陷于"情理与人之常情之间的冲突"、"忠与孝之间的冲突"和"情理与义务之间的冲突"。主人公之所以失败，是因为他放任"人之常情"，而忽视"情理"所规定的种种义务，或者无法做到忠孝两全。迫于"情理"，他只能牺牲家庭。上述冲突仍然处于两种义务之间，这两种义务本身都具有约束力，都是"善"的。在两者之间做出选择，就像是一个要偿还所欠债务的人所面临的选择。此时，当他现有的资财还不足以能偿还全部债务时，他必须先还清主要的债主，而放下其他次一些的债主；但是，事实上，他还了主要的债，并不意味着次一些的债就可以不还了。

日本人就是这样看待主人公的人生的，这与西方人的观点反差巨大。我们的主人公之所以是好人，只是因为他们选择了"比较正确的人生"，而且与邪恶的势不两立。我们常说"这是美德的胜利"，所以主人公的归宿应该是幸福和完美的，好人应该有好报。然而，日本人对这样的故事则抱有另一种情绪：主人公犯了见不得人的案子，对这个世界和他自己的名声欠下了永远无法弥补的债，选择自杀以求解脱才是正理。在许多文化中，这样的故事意在教人服从苦难的命运。但是，在日本，它们的寓意恰恰不是这样的，他们讨论的都是进取心和坚定决心这样的主题。主人公们付出种种努力，履行他们应该负担的某项义务，这么做时，却忽略了其他的义务，但是，到最后，他们还得应付他们所轻视的那个"世界"。

《四十七浪人》是一部日本真正的民族史诗。在世界文学中，它的地位不是很高；但是，它在日本人心目中的地位是无可替代的，在日本可谓是家喻户晓。每一个日本男孩不仅知道故事的梗概，而且熟悉故事的具体情节。还有人把它改编成大受欢迎的电影。四十七士的坟墓也成了著名的朝圣之地，成千上万的人前去拜祭。他们在那儿留下拜祭卡，常常使坟墓周围变成一片白色。

《四十七浪人》的主题以臣子对君主的情理为中心。在日本人看来，它写的是情理与忠之间、情理与正义之间的冲突以及"单纯的情理"与"无限的情理"之间的冲突。这个故事发生在1703年，那是封建时代的鼎盛时期，根据现代日本人的想像，那时的男人都是男子汉，没有人"不愿意履行情理"。四十七个英雄为情理献出了自己的一切：名声、父亲、妻子、姐妹甚至正义。最后，他们为了效忠献出了自己的生命，死在自己的手里。

当时，各地的大名要定期觐见幕府将军。幕府将军委派两个大名去主持这项仪式，其中一个叫浅野侯。在那个仪式上，所有大名都要向将军致敬表示臣服。两位主持人都是地方领主，做为主持人，他们都不熟悉主持时所注意的礼仪；因此，他们不得不去向幕府中地位显赫的且见过世面的大名吉良侯请教。遗憾的是，浅野侯最有见识且会办事的家臣大石当时因事回老家了；而天真的浅野侯并不知道求人是要走"人情"的，就没备礼物。而另一个大名的家臣老于世故，在吉良侯教导他们的主子时，给那位师傅送上了丰厚的礼物。因此，吉良侯在教导浅野侯时做了不合礼仪的指导，故意让他在仪式上穿戴大不敬的礼服。浅野侯就以那样的穿着出现在那个重要的仪式上；当他意识到自己受到了耍弄时，他拔出刀来，虽然被劝住了，可他还是砍伤了吉良侯的额头。作为一个看重荣誉和自己名声的人，这样的举动是一种美德；但他在将军府第拔刀伤人，是不忠。浅野侯在对自己名声的情理上，表现了美德；但是，为了维护忠心，他只能按照有关规则，"剖腹"自尽。他回到自己的住所，换好衣服，准备剖腹，当忠诚的家臣大石回来后，经过久久的对视浅野侯用刀刺入自己的腹部，他死后，没有一个亲戚愿意继承他的爵位，因为他不忠，而且引起了幕府将军的不快；他的藩地被没收，家臣们也成了没有主子的浪人。

根据"情理"的义务要求，浅野侯手下的武士们有义务随主人一起自尽。浅野侯那样做，是出于对自己名声的情理；家臣们那样做，则是出于对主君的情理，如果这样做了，体现的是对吉良侯侮辱他们主子的一种抗议。但是，大石此时认为，为表现他们对主人的情理剖腹是件小事。他们应该完成主子的复仇大业，杀掉吉良侯；主人当时之所以无法实施其复仇行为，是因为他被吉良侯的家臣们给拉开了。但是，完成此复仇大业是要冒不忠之名的。吉良侯是幕府将军的近臣，浪人要实施他们的复仇行为，不可能得到幕府的许可。在一般情况下，任何筹划复仇的团体都要到幕府去登记他们的计划，声明复仇的最后期限，在那之前，他们要完成复仇行为，否则，只能放弃。这一安排曾使一些幸运者能够调和"忠"与"情理"之间的关系。大石知道，他和他的同伙儿是不能采用这个方法。因此，他把曾经是浅野侯的大名的浪人们召集起来，但是，他只字未提刺杀吉良侯的计划。他们总共有三百多人。1940年，在日本的教科书记载，他们全都同意剖腹自尽。然而，大石明白，并不是所有的人都愿意承担"无限的情理"的，即：日本人所说的"情理加忠诚"。而刺杀吉良是一桩需要冒极大风险的举动，因此，有些人是不能信任的。为了区分哪些人负有"单纯情理"，哪些人负有"情理加忠诚"，大石决定做一次考验，他采用的手段是：如何分配主人的私人财产。在日本人看来，是一种考验：如果他们的家庭将获得好处，那么，他们是不会同意自杀的。有些浪人对财产分配的基本原则提出了强烈的不满。总管在家臣中俸禄最高，以他为首的一批人想要按照以前的俸禄标准来分配。以大石为首的一批人则主张平均分配。哪些浪人具有"单纯情理"一旦确定，大石就同意总管的分配计划，并且让那些赚了便宜的人离开了大家。总管离开之后，虽然他得到较多的财物，但他背了恶名。大石最后确定有47个人是称得上是"情理加忠诚"的人，可以共谋复仇大业。他跟这47人约法，发誓任何信条、爱情和义务都阻挡不住他们去完成他们的誓言。"情理"是他们的最高法令。47人割破手指，歃血为盟。

要复仇，他们要做的第一件事就是保密：不让吉良闻到一点点的风声。他们解散了，并且装作失去了所有的荣誉。大石频频光顾最低级的妓院，不顾体面地与人争吵。以这种放荡生活为掩饰，他跟妻子离了婚，这是打算做违法之事的日本人惯用的正当手段；因为这样做可以免得他的妻儿在他最后的行动中跟他一起担当责任。大石的妻子怀着巨大的悲痛离开了他，但他的儿子加入了浪人的行列。

当时，整个东京都在推测他们的报仇计划。所有尊敬浪人的人们都相信他们将刺杀吉良侯。但这47名武士都否认自己有这样的意图。他们假装成"不懂情理的人"。他们的岳父为他们的不知羞耻而拒绝他们上门，并让女儿跟他们离了婚。朋友们嘲笑他们。一天，大石的一位密友遇见他，他当时正在喝酒、跟女人狂欢；甚至在这位朋友面前，大石也否认自己对主人的情理。"报仇？"他说，"这是愚蠢的行为。我们应该享受生活。没有什么比喝酒、到处玩耍更开心的了。"他的朋友开始一直认为这是他装出的假象，但当他突然把大石的刀拔出鞘的一刹那映入眼里的刀锈让朋友相信了，但随后，他朝喝醉了的大石又是踢又是吐唾沫来鄙视他。

有一个浪人，为了获得复仇所用的钱，竟把妻子卖到了妓院。他的妻弟也是一名浪人．发现自己的姐姐已经知悉了复仇计划，便动手杀了姐姐，以证明自己忠诚，以便让大石同意他加入复仇者的行列。还有一名浪人杀了自己的岳父。还有一名浪人则把妹妹送给吉良侯，去当女仆兼小妾以便从幕府内部获得消息，从而知道动手的时间。这一行动中让人难以置信的是：复仇大业完成之时，这位妹妹就要自杀；因为她以前假装是吉良侯那边的人，这是一个污点，她不得不以死来洗刷。

12月14日，那是一个风雪交加的夜晚，吉良举办了一场米酒聚会，卫兵们都喝醉了。浪人们突然袭击了吉良的府第，制服了卫兵，冲进了吉良的卧室。可他却不在房间里，但床上还是热烘的。浪人们知道他就藏在某个角落。当他们发现在储藏炭的房间里藏着一个人时。一名浪人用长矛刺了进去，已感觉刺到了人的身体，可他拔出长矛时，上面没有血。实际上，长矛刺中了吉良，但在往外拔时，吉良居然用和服的袖子擦去了上面的血迹。他的诡计没有得逞。浪人们逼迫他走出屋子，但他声称，他只是吉良家的总管。就在那时，一名武士记得，当初，浅野侯曾经刺伤过吉良侯的额头。由这个伤疤，浪人们认定此人就是吉良，并要求他立即剖腹自尽。他拒绝了。浪人们拿出浅野侯用以剖腹自尽的那把刀，砍掉了吉良的脑袋，按例把那脑袋清洗干净。就这样，他们完成了复仇大业，带着那两度染血的刀和吉良的脑袋，排成队走向浅野侯的坟墓。

整个东京都弥漫着浪人们这一壮举所引起的兴奋情绪。他们的家属和岳父曾经怀疑过他们，现在冲上去拥抱他们，表示敬意。诸侯们沿途款待他们。在浅野侯的坟墓前，他们放下刀和首级，及一篇写给主人的悼词：

我们今天到这儿来向你表达敬意……在未完成为你复仇大业之前，我们一直无颜在您的坟前现身。等待的时间一日三秋……今天让吉良侯的首级来陪你。这把刀是你的真爱，去年你把它托付给我们，现在我们把它给你带回来了。我们祈请你拿着它，再次砍向敌人的脑袋，以雪仇恨。四十七士敬悼。

四十七士履行了"情理"，但还得尽忠。这样只有一死才能两全。他们不经申报就去复仇，冒犯了国法；但他们没有背叛"忠"。在

"忠"的名义下，无论需要他们做什么，他们都必须去完成。幕府将军下令，四十七士必须剖腹自尽。关于此事，日本小学五年级的课本上是这样写的：

由于他们是为主君复仇，情义坚定不渝，永世垂范……因此，幕府将军经过审慎考虑，命令他们剖腹自尽；这是两全其美的办法。

这就意味着，让浪人们自杀，同时也让他们履行了最高的情理和义务。

日本这一史诗的不同版本有一些变化。在现代电影版本中，开始时候的贿赂主题变成了性主题：吉良侯对浅野的妻子心怀不轨，于是就给了浅野错误的指导，从而羞辱了浅野；不过，事情败露了。贿赂的情节就这样被取消了。但是，跟情理有关的所有义务的故事都讲述得很恐怖。"为了情理，他们抛弃了妻子，离开了孩子，丧失了双亲。"

这种义务和情理之间的冲突是许多日本文学所烘托的主题。最为优秀的一部历史电影的故事展开的时间是德川幕府第三代将军执政时期。这位将军登上宝座时，还是一个涉世不深的年轻人；在他的继位问题上，廷臣们分成了不同的派别，其中一派支持一位跟他同龄的他的近亲，结果失败了，其中一位大名认为受到了侮辱；尽管第三代将军在行政上很能干，但这位大名还是将"耻辱"深藏在了胸中伺机报复。终于，机会来了，一次将军及其随从通知他，他们将要去视察几个藩邦。而这位大名需要负责接待任务，于是，他准备借此消除所有的宿怨，履行对自己名声的情理。他的家本来就是个堡垒，此番他为即将到来的计划做好了充分的准备，以至于在所有的出口都设立了机关，整个堡垒都可以封锁起来。然后，他想方设法使得墙壁和天花板可以一推就倒，到时可以借此砸死将军。他的谋划天衣无缝，他的接待工作做得小心谨慎，另外他还特意安排一名武士在将军面前舞剑，以博将军一乐；再找机会刺死将军。对这位武士来说这本是以下犯上，是违背武士精神的，但出于对大名的情理，他无法拒绝。然而，"忠"道又不允许他这样做。他的剑舞完全显现了他内心的冲突。他几乎要出手了，但他不能那么做。尽管他要讲情理，但他的忠心太强了。致使剑舞的有些失常，引起了将军的疑心，于是他起身离开了座位逃过了武士的行刺，但仍然面临着死于房屋倒塌的危险。这时，武士又主动引领将军一行通过地下通道，从而使他们逃离了险境。忠战胜了情理。将军的代言人出于感激，规劝武士跟他们一起去东京。但是，武士回头看着那倒塌的房子，说："不行，我得留下来。这是我的义务和情理。"他转身离开他们，死在了废墟里。"他以死践行了忠和情理的统一。"

这些古老的故事没有把义务和"人之常情"之间的冲突作为主题。到了近代，这种冲突变成了一个主要题材。现代小说讲述的是主人公出于义务或情理不得不舍弃爱与善；这种主题不仅没有被削弱，反而得到了提升。在西方人看来，他们的战争电影似乎都是很好的和平主义宣传片；跟电影一样，他们的小说也常常是在追求一种更大的自由。这些小说本身就证明了这种冲突的存在。但是，日本人在讨论小说或电影的情节时，看到的意义是与我们不同的。我们之所以同情主人公，是因为他痴情，或者有某种让人同情的情绪在其身上；而日本人会谴责他软弱，因为他居然允许这样的情感存在于他和情理之间。反抗惯例，克服障碍去争取幸福；这在西方人看来是强者的标志。但是，根据日本人的判断，那些漠视个人幸福并履行自己义务的人才是有力的。因此，他们以自己的眼光看待他们的小说和电影的情节，这与西方人的眼光不同，所赋予这些情节的意义也截然不同。

日本人无论是对自己还是对他人都是按这样的原则来加以评判的。当一个人的个人欲望与义务规则发生冲突时，如果他过于关注欲望，那么，他就会被认为是软弱的。具有普遍性，但是，其中与西方伦理完全背离的，还是对待妻子的态度。在日本人眼里妻子处于"孝道世界"的边缘，而父母才是中心。因此，他的责任是明确的。一个道德意识很强的日本人会遵循孝道，接受母亲对妻子采取的所有行动，包括休妻。如果他爱妻子，而且妻子已经给他生了孩子，那么休妻行为只会使他变得更加坚强。日本人常说："孝道可以让你把妻子儿女归入陌生人的行列。"因此，对待妻子不过是属于"仁的世界"。最坏的话，妻子变成了不会对你提出任何要求的人。哪怕婚姻幸福，妻子也不能占据义务的中心位置。因此，男人不应该提升与自己妻子的关系水平，否则，夫妻之情就会跟与父母或国家的感情处于同一层面。20世纪30年代，一位著名的自由主义者公开说："回到日本，感到异常的兴奋，而理由之一就是与妻子重逢。"这番话成了他的丑闻。因为他过分强调了妻子的地位，是不合适的。

在近代，因日本人过分强调区分开不同层次的对象，强调让不同"世界"的界限更分明，这导致了他们在一定程度上抛弃了自己的道德准则，这是不能令人满意的。日本人被灌输的一部分教育内容是致力于把"忠"变成最高道德。正如政治家们通过把天皇置于等级制的顶端，并且取消将军和领主，从而简化了等级制；在道德领域，他们通过把所有美德置于"忠"这一范畴之下，来努力简化道德体系。他们用这种手段不仅把国家统一在"天皇崇拜"之下，还能在一定程度上将日本道德集中起来。他们想方设法教导说，履行了"忠"，也就履行了所有其他义务。他们想方设法使"忠"不再只是图表上的一个圆圈，而是道德拱门的拱心石。

在 1882 年明治天皇颁布的《军人敕谕》就是这种主张的最有权力的声明。这份敕谕和《教育敕谕》是真正的日本圣典。日本两大宗教的经书都没有上升到圣典的地位。佛教各派有的以文学手稿为教义，有的则反复念诵"南无阿弥陀佛"或"南无妙法莲华经"这类经语来代替经典。然而，明治敕谕才是真正的圣典。宣读敕谕是神圣的仪式，听者屏息静气，恭敬地垂首弯腰。它们就像《圣经》的旧约，宣读时恭恭敬敬地从神龛里取出，在听众散去之前要恭恭敬敬地放回去。被委派读它们的人有自杀的，原因只是仅仅读错了一个句子。《军人敕谕》首先是颁给现役军人的。军人们要逐字逐句地学习敕谕，每天早上还要默想 10 分钟。在重要的全国性的假日，在新兵入伍时，在老兵训练期满准备退伍时，以及在其他类似的场合，都要举行诵读这份敕谕的仪式。所有中学和继续教育学校的男生也都要学习这份敕谕。

《军人敕谕》是一份只有几页纸的文件，它条理分明，清晰而明了。然而，对西方人来说，它奇怪得让人难以理解，其中的规则似乎是相互矛盾的。善良和美德被作为真正的目标而标举出来，而且是用西方人所能理解的方式加以描述的。敕谕警告听者不要像古代英雄那样死得不光荣，因为"他们无视公理之道，徒守私情之义"。这是日本官方的译文，虽然不是逐字逐句，但很能表达原意。《敕谕》接着说，"以旧时英雄为鉴，严加警戒。"

如果不了解日本的义务各有划分这一情况，就无法理解此处的"戒之"是什么意思。整个《敕谕》表明官方力图抑"情理"而扬"忠"，在日本，"情理"一词家喻户晓，但在《敕谕》中一次都没有出现。《敕谕》不提"情理"，但强调有"大节"和"小节"。大节就是"忠"，小节就是"恪守私情之义"。《敕谕》极力证明"大节"，是一切道德的根本。"所谓正义就是履行义务"。忠心耿耿的士兵必然是"真勇士"，这话的意思是："在日常待人接物中，首先要待人亲和，以赢得他人的敬爱。"《敕谕》还暗示：如果我们遵循这些规则，就够了，不必求助于"情理"。"义务"之外的职责都是"小节"，一个人必须经过慎重考虑才能承认它们。

如果你愿意信守诺言，并且履行义务……你就必须在一开始就认真考虑是否能成功完成它。如果你让自己接受了一些不明智的义务，那么你会让自己处于一种进退两难的境地。如果你确信自己不能信守诺言并维持正义，那你最好立即抛弃自己私下里许下的诺言。在日本的历史中，有许多名人和英雄豪杰遭遇灭顶之灾之后，只是因为他们只力求信守小节给后代留下了不光彩的名声的例子。

这段训词的中心意思是"忠"高于"情理"，正如我们说过的，里面没有提及"情理"；不过，这在每个日本人都不言而喻，"但对要顾及'情理'而无法坚持正义的情况。"《敕谕》把这话解释为"如果你确信自己不能信守诺言并维持正义……"它以天皇的权威口吻说，在这种情况下，你就应该抛弃情理，记住它只是一种小节。只要你遵从大节的规则，那么你仍然是一个拥有美德的人。

这份颂扬忠的《圣典》是日本的基本文件之一。然而，我们很难估量，《敕谕》如此轻视"情理"，是否会削弱义务的控制力。日本人对此则常引用《敕谕》中的"正义乃义务之完成"，"只要心地真诚，无往不胜"，以解释或证明他们自己或别人的行为。但是，虽然他们用这些话用得很得当，但他们似乎很少提及"反对信守私人诺言"这类警告。时至今日，在日本，"情理"仍然是一项带有很大权威的美德，说一个人"不懂情理"，是对他的最大贬损。

引进"大节"这个概念并不能轻易简化日本的伦理体系。正如他们经常夸耀的，日本人手上没有一种现成的普遍的美德做为善行的试金石。在大多数文化中，个人的自重与他们所秉承的某项美德成正比，诸如善良的意志或良好的管理或成功的事业。他们常提出某些东西作为人生的目标，如幸福、对别人的控制力、自由或社会活动能力。日本人遵循的是更加特殊的准则。无论是在封建时代，还是在《军人敕谕》中，甚至在他们谈论"大节"时，也是在强调在等级制中地位较高的人的义务应该支配那些对地位较低的人的义务，他们仍然是专政制度。对西方人来说，"大节"就是指对忠诚的忠诚，而不是忠于某个特定的人或某件特定的事。对日本人而言，却不是如此。

当现代日本人常把"诚"当做建立新秩序的道德标准。大隈伯爵在讨论日本的伦理学时说，真诚"是规则中的规则。各种道德的说教都蕴藏在这个词当中。除了真诚，只有这一个词，我们古代的词汇中没有别的任何伦理概念"。现代小说家也是这样认为。在本世纪早期，他们赞美新进的西方个人主义，现在渐渐地表示了不满，开始称赞"诚"为唯一真正的"教义"。

这种对道德真诚的强调，得到了《军人敕谕》的支持。《敕谕》的开端是一段历史性的序言，相当于常常要列举华盛顿、杰斐逊等开国元勋的名字的美国式序言。在日本，这段序言通过引用"恩"和"忠"而到高潮：

朕为首，汝等为体。朕依视汝等为手足。朕之能否护佑国家、报答祖先之恩，全赖汝等尽忠职守。

随后便是具体的五项原则：

一、最高的美德是履行与"忠"有关的义务。一个士兵，如果忠心不够，那么，他再有才干，也只是一个木偶。而缺乏忠的部队在危机时刻，也只是一群乌合之众。"因此，既不能被一时之舆论牵入迷途，也不能干预政治，只要一味尽忠即可，记住，义重于泰山，而死轻于鸿毛。"

二、要按照军阶遵守外在仪态和行为举止方面的规则。"下级须尊重上级之命令，犹如遵从天皇的命令，上级也须善待下级。"

三、须勇武。真正的勇气与"血脉贲张的野蛮行为"大相径庭，"不鄙视下级，也不惧怕上级"。因此，"尚武者于日常待人接物中，首先要温和，以赢得他人之爱与敬。"

四、"勿空守私情"。

五、奉劝大家要节俭。"如果不把朴素作为目标，将变得柔弱、轻薄，喜好奢侈而浮夸之生活方式，最终将变得越来越自私、龌龊，沦为卑鄙小人，为世人所蔑视，我对此十分厌恶，所以再三告诫你们。"

《敕谕》最后一段称此五条规则为"天地之大道，人伦之纲常"，乃"军人之灵魂"。反过来，这五条规则的"灵魂"是"真诚"。"若心不诚，那么再好的语言也是表面文章，无任何益处。只要心诚，就能万事成功。"因此，这五条规则很容易遵守并实践。在说完所有的美德和义务之后，再加上真诚；这是典型的日本人的思维。中国人认为所有美德的基础是仁爱之心；而日本人则不这么认为，他们先设立义务的规则，最后才提出要求，要人们全心全意去履行义务。

在佛教的主要流派"禅宗"的教义中，"真诚"具有同样的意义。在铃木大拙论禅的重要著作中，有一段师父之间的对话：

僧问："我知道，当狮子抓住猎物时，无论那是一只兔子，还是一头大象，都会竭尽全力；请告诉我，这是一种什么样的力量？"

师父："是不欺之力，意即'献出全部'，'毫无保留'即：不自私，不掩饰，不浪费。人生如此，便是金发狮子，乃是刚强、真诚与全心全意之象征，是神人。"

顺便提一下"真诚"一词在日语中具有特定的意思。日语中的"诚"和英语中的"真诚"意思并不相同，它比后者内涵更丰富，也更狭窄。西方人总是能很快就发现这一点。他们常常说，当日本人说某人不真诚时，他的意思只是表明别人不同意那人的看法。这么说有一定的道理，因为，在日本，说某人"真诚"，并不指他做事"诚实"，是说他在按照自己的爱憎、决断或迷惑而采取行动。美国人说"他见到我真高兴"，"他真的很满意"时，表达的是赞许之情；日本人的说话则大不相同。他们有一系列谚语来嘲笑这种语言表达对这种"真诚"的嘲笑："瞧那只青蛙，把嘴张开，暴露了肚子里的一切。""像只石榴，嘴巴一张，心里的一切都露出了。"对日本人而言，"随口说出自己的心思"，是一种羞耻，因为那样他被暴露了。在美国，这些与"真诚"关联的涵义非常重要，但在日本，"真诚"一词根本就没有这样的涵义。前面说到的那个日本少年在谴责美国传教士"不真诚"时，他并没有想到：那个美国传教士，在看到一个男孩连根鞋带都没有的穷苦少年，却居然有一个要到美国的计划，那个美国人感到迷惑不解那不过是"真诚"的表现。在过去 10 年间，日本政治家们老是谴责美英不真诚，他们从未想过，西方国家是不是也是在以他们没有感受过的方式在做事呢？他们甚至没有指责西方人，因为伪善是一种无足轻重的谴责。与此类似，当《军人敕谕》说"真诚乃规则之灵魂"时，并不意味着这种"真诚"是灵魂的诚实，它是会使所有其他美德都有效的美德，是灵魂的诚实，会使一个人的言行与他内心的感受相互一致。这肯定不是说，无论他的信念跟别人的有多么不同，他都被要求保持真诚。

既然"诚"在日本具有如此的积极意义，如此强调这一概念的伦理作用，西方人就迫切需要掌握日本人用这个概念时所表达的意思。在《四十七浪人》中，日本人所说的"诚"的基本含义已经得到了很好的解释。那个故事里的"真诚"是一个添加在"情理"上的统一体。"情理加诚"与"单纯情理"区别巨大，前者意谓"作为永世典范的情理"。当代日本人还在说，"诚则使它能持久"。这里的"它"按照上下文，指的是日本的任何戒律，或者"日本精神"中规定的任何态度。

　　在战时日本的隔离收容所里，这个词的用法跟它在《四十七浪人》中的用法几乎是一样的。它清晰地展示了它的逻辑可以延伸到多远。美国人在使用它时，其涵义会变得完全相反。亲日的第一代移民通常谴责亲美的第二代移民，说后者不"诚"。第一代移民的意思是说，第二代移民没有那种构成日本精神的灵魂的品质。这种品质在战争期间是有官方定义的——那就是"坚持"。第一代移民的意思根本不是说，他们孩子的亲美倾向是伪善的，远远不是。第二代移民的意思是志愿加入美国军队，而且在任何人看来都显而易见的是：第二代移民支持这个收养他们的国家，是出于一种真诚的热情；在这种情况下，第一代移民指责第二代移民不真诚，可能更加让人信服。

　　日本人使用"真诚"一词时，它的一个基本含义是：坚持遵循一条是由日本的规则和精神标志出来的道路去做事。无论"诚"这个词在某些特殊语境中具有什么样特殊的意义，它总是可以被读解为一种赞扬，赞扬的是日本精神中那些公认的方面和被公认的美德。一旦我们接受了这个事实，即，"真诚"没有美国人所认为的含义；那么，在所有日本文献中，它都是最有用的、值得注意的词，因为它与日本人真正强调的那些正面品德是一致的。"诚"往往用来赞扬某个不追逐私利的人。这反映出日本人的理念对牟利行为是持鞭挞态度的。当利益不是等级制的自然产物时，它就会被断定是剥削的结果，从不正当的行为中牟利的中间人慢慢就成了可恶的高利贷主，这样的人总是被说成是"缺乏真诚"的人。

"诚"也往往用做赞语，赞扬那些不受激情左右的人。这反映出日本人的自律观念。一个被称得上"诚"的日本人，那么他绝对不会去冒犯无意于滋事挑衅的人。这反映了日本人的这样一个原则：不仅要为自己的行为产生的后果负责，而且还要对行为本身负责。最后，只有"诚"者才能"领导人民"、有效地施展他的才干并摆脱内心的冲突。这三点以及其他的含义，都非常简明地说出了日本伦理的同质性。这些意义反映了这样一个事实，即：在日本，只有当一个人在遵循准则时，他才能有效地做事，不会产生冲突。

既然这些都是日本"忠诚"的含义，那么，尽管有《敕谕》和大隈伯爵，但这种道德并没有简化日本人的伦理。它既没有奠定日本伦理道德的基础，又没有赋予其"灵魂"。它如同一个指数，可以适当地放在任何数字后面，以提高幂的层次。比如 A 的二次方可以是 9 或 159 或 b 或 x 的平方，没有任何差别。"诚"的作用也是这样，它可以提高任何一条道德规范的层次，它现在已不是独立的道德了，而是信徒对信条的狂热。

无论日本人怎样努力改进他们的道德体系，它仍然跟原来一样，其原则仍然是要保持一个举动和另一个举动之间的平衡关系，两者相互对立，但本身都有益处。日本人所创立的伦理体系有点像桥牌游戏。一名优秀的桥牌手会接受规则，并按牌理出牌。他把自己跟水平很低的选手区别开来，因为他有计算的概念，按照比赛规则，判断其他选手出牌的意图，从而紧跟不舍。他是按照霍伊尔规则出牌的，每打一张牌都经过精心地计算。比赛中可能会出现偶然性，但这已经包含在了规则之中，记分方法是提前约定的。在这样的比赛中，美国人所理解的善意变得没有关系。

在任何一种语言中，都会通过人们说的失去或获得自尊的语句判断出他们的人生观。在日本，"自重"往往表明你是一个严谨慎重的人。在英语中，它指的是不讨好别人，不说谎，不做伪证，但它在日语中没有这些含义。在日本，自重的字面意思是"自我尊重"，其反面意思是"轻浮自贱"。当一个人提醒说"你须要自重"时，意思是"你必须谨慎地行事和发表建议，不要做任何会引起非议或自取其辱的傻事"。日本的"自重"所指向的行为正好与美国的相反。当一个雇员说"我必须自重"时，他的意思不是说他必须维护自己的权利，而是说他绝不能对雇主讲任何可以给自己带来麻烦的话。在政治场合，"自重"说的也是这个意思，即，假如一个"有影响的人"如果沉迷于"危险思想"，那么他就是不"自重"了。在美国，"自重"意味没有类似的意思，即使有危险的思想，但"自重"要求我们根据自己的良知行事。

在日本，"你必须自重"是常常挂在父母嘴边，告诫孩子的话；意思是要求孩子在人前要举止得体，别让人看轻你。女孩子会被告诫：坐着时不能动，腿要摆好；男孩子则要训练自己，学会察言观色，因为"现在将影响着你的未来"。当长辈说自己的孩子"一个懂得自重的人不像你这样"，这是在谴责孩子举止不当，而不是说他缺乏勇气，不能维护自己的权利。

如果农民还不起债，他会对债主说"我本应该自重"，但他的意思不是在指责自己懒惰或讨好债主，而是说他应该预见到这一情况，应该有解决办法。而一个有一定地位的人说"我的自重要求我这样做"时，他不是在强调，我必须坚持原则，而是说他在处理事情时，必须充分考虑到自己家庭的地位及自己身份的重要性。

当一个公司老板谈到他的公司时，说"我们必须表现出自重"时，是在强调他们必须加倍谨慎小心。当一个谋划复仇的人说"我要自重地报复"，他不是在表明，我要以德报怨，或者倾向于遵守任何道德规则。而是说"我要彻底地报仇"，谨慎地做计划，将所有的因素都考虑进来。在日语中，"自重再自重"，是一个非常强烈的说法，意思是要万分慎重，千万不能急着下结论，要权衡各种策略和方针，以恰到好处的努力，正好达到目的。

所有这些关于"自重"的含义都是日本人人生观的内容，按照"霍伊尔规则"在这个世界当中，人们应该小心谨慎地行事。这种定义自重的方法不允许以用心良好意愿为理由来为其失败做辩解。每一次行动都会导致一定的后果，我们不应该在没有充分评估的情况下贸然行动。慷慨当然是应该礼赞的，但你必须预见到，那个受你恩惠的人是否会感到自己"背上了恩情债"。你必须见机行事。批评别人完全是可以的，但你可以接受因此而招致的怨恨后果才能提出批评。美国传教士的嘲笑受到年轻画家谴责，完全不是因为传教士的本意是善良的。传教士没有充分考虑到自己每走一步棋意味着什么，但这在日本人看来，完全是没有修养。

把自重与审慎完全等同，日本人说，"一个人要培养自重意识，""因为有社会的存在。""如果没有社会，人就不需要自重。"这是说，自重是要得到外人的认可，而不考虑自己内心对举止得体的认可。像许多国家的一些俗语一样，这些说法是有些夸张，因为日本人有时会像清教徒一样，对自己积重的罪孽做出强烈的反应。不过，他们这些极端的说法仍然明确地指向他们所强调的地方，与罪孽相比，他们更重视羞耻。

在关于不同文化的人类学研究中，区分以耻辱文化为主和以罪孽文化为主是非常重要的。如果一个社会提倡道德的绝对标准，而且依赖于人的良知的培养，这种文化就可以被定义为羞耻文化。不过这样社会里的人，比如美国人，在做了并不算是罪恶的事之后也会觉得羞耻。或是衣着不得体，或一时失言，也可能使人感到极为懊恼。在以羞耻为主要约束力的文化中，人们会为自己的某些不当行为感到懊恼，这份懊恼会非常强烈，而且无法缓和；而通过忏悔和救赎，内疚是可以得到缓和的。一个人即使犯了罪，也可以通过给自己解压而减轻痛苦。这种忏悔手段被应用于世俗疗法；许多宗教团体几乎没有什么其他的共同特点，但都在用这种手段。我们知道，忏悔可以带来解脱。但在以羞耻为主要约束力的地方，即使当众认错甚至向神甫坦白他的错误时，他也体会不到解脱。只要他的不良行为没有公之于众，他就不需要自寻烦恼，而在他看来，忏悔只会招致麻烦。因此，羞耻文化没有忏悔，甚至对上帝也没有。他们有表示好运的仪式，却没有赎罪的仪式。

真正的羞耻文化的约束力来自善，而不像真正的赎罪文化依赖的是内心对罪恶的内省。羞耻是对别人的批评的反应。一个人感到羞耻，是因为他被公开嘲笑或蔑视，或者是因为他幻想着自己被嘲笑。无论是哪种情况，羞耻感都是一种有效的约束力量。不过，它需要旁观者，至少在幻想中要有一个旁观者。罪恶感却不需要。在有的国家，荣誉意味着遵循自己描画的形象；尽管没有人知道你的错误行为，但你还是会有罪恶感，而且，通过对罪恶感的忏悔，罪恶感真的可能会减轻。

早期，定居在美国的清教徒们力图把罪恶感作为整个道德体系的基础，所有心理医生都知道，现代困扰美国人的许多麻烦都与他们的良心有关。但在美国，与前代相比，羞耻感已成为一项越来越沉重的负担，而罪恶感不像早年那样极端。这种现象被解释为道德的松懈；这在很大程度上说是对的，但那是因为我们没有预料到羞耻感会承担如此沉重的道德任务。我们也没有把个人的懊恼情绪加载到我们的基本道德体系之中。

日本人是把耻辱纳入道德体系的，他们认为，不遵照明确规定的善行标准，就不能平衡各种义务，或者不能预见到各种偶然情况，就是耻辱。他们说，知耻辱是为德之本。一个人能敏感到耻辱，就会履行关于善行的所有规则。"知耻者"有时会被解读为"有德者"，或"荣耀者"。在日本伦理学中，耻辱相当于西方伦理学中"纯洁的良知"、"笃信上帝"和"避免犯罪"一样具有很高的权威。由此逻辑足可以得出，一个人死后不会受到处罚的结论。在日本除了有一些了解印度经书的僧侣之外，都不太熟悉轮回观念，而轮回取决于今生的功德。除了一些受过很好的基督教教育的皈依者，他们不承认死后的报答和惩罚，也不相信有天堂和地狱。

在日本人的生活中，羞耻是首先要考虑的；这意味着，任何人做任何事，都要在意公众对自己的评价。他只需要想象公众会做出什么样的裁定，以此来调整自己的行动。当所有人按照同样的规则玩游戏并相互支持时，日本人就会玩得轻松快乐。当他们感到那是一种让他们履行国家"使命"的游戏时，他们就会狂热地去玩。他们试图把他们的认定的美德输出到别的国家时，受到的却是抵制；每当他们发现这一点，他们就会变得极为脆弱。他们所谓"善意"的"大东亚"计划泡汤了，所以许多日本人对中国人和菲律宾人很生气。

如果不是被国家主义的情感所激励，来到美国学习或经商的日本人常常深深地感到：当他们生活在一个规矩不那么严格的社会里，他们以前所受的那种小心翼翼的教育失败了，他们的美德得不到外界的认可。任何人都很难改变文化，这是无可改变的事实；但日本人力图推出的不只是这样的观点，而是很多。有时，他们会把自己跟中国人或泰国人进行对比，他们自己很难适应美国生活，而他们知道，中国人或泰国人没那么困难。正如他们所看到的，他们的特殊问题在于，在他们看来，在他们从小到大所受的教育要求他们去相信：只有依赖于别人的认可，才是安全的。当外国人不把所有这些理念放在心上时，他们会感到迷惘。他们设法在西方人的生活中找到类似的理念，但结果是让他们失望的，于是，他们感到愤怒和恐惧。

在三岛小姐的自传《我的狭岛祖国》中，有着很上乘的描写。她一心要到美国上大学，但她父母的观念成了她的阻碍，最后她说服了家庭，争取到了美国的奖学金，进入卫斯理女子学院学习。她说，学院的老师和同学都非常好；但她感到，这使她感到更加困难。"我在礼仪上过于严谨，我自己还以此感到骄傲，但到了美国，我的这种骄傲心理受到了重创。我恨自己，因为我不知道在这儿该如何融入新的文化体系之中；我也恨周围的人们，因为他们嘲笑我所受过的教育。除了这种模糊但深深扎根于我心间的恼恨情绪，我不再有任何别的情绪。"她感觉自己"宛如是一个外星人，在美国，我的感觉和情绪都与之格格不入。我所受的日本教育要求我的举止要优雅，说话要礼貌；这使我在美国这样的环境里变得极为另类，以至于在跟别人接触时，都不知道该怎样做。"直至两三年之后，她才放松下来，开始接受别人对她的善意。她认为：美国人的生活带着一种她所说的"优雅的亲密感"。但是，"在我三岁时，我心中的这种亲密感是被当做鲁莽被隔绝的。"

她把她在美国的所认识的日本女生和中国女生做了对比，她说，中国女生"镇定自若，善于交际，那是日本女生所完全缺乏的。在我看来，来自中国上流社会的女生似乎是地球上最文雅的人，每个人都很优雅，几乎像公主一样端庄，就好像她们才是世界上的真正主人。她们无所畏惧、高度沉着，哪怕在重视机械与速度的美国文明中，她们也一点不受惊扰；这与我们日本女生的胆怯和拘谨相比有着天壤之别；这显示了某种源于文化背景的根本差异"。

像许多其他日本人一样，三岛小姐也感到，自己好像是一名网球名将去参加橄榄球比赛，让自己的特长用不上。她感到，自己以前学到的东西无法应用到新的环境中。她以前信奉的准则是行不通的，美国人的交际中没有那样的准则。

美国人的行为法规看起来不如日本法规那么严厉，日本人一旦接受了它，哪怕一点点，他们也会发现，他们再也无法回归以前的生活状态了。有时，他们把以前的生活说成是失去的乐园，有时说成是"羁绊"，有时说成是"牢监"，有时说成是"小花盆"，盆里栽种的是一棵侏儒一样的小树。只要这棵微型小树的根还扎在花盆里，那它就是一件艺术品，点缀着花园的美丽；但是，一旦它被移植到野外的土壤里，就不可能再盆栽了。也不可能再到那个日本花园里去做装饰品，因为他们再也不可能去满足日本社会的要求。他们体验到了日本道德的两难困境，美德给他们带来的极端痛苦。

第十一章　自我修炼

对于外国的观察者来说，文化的自我修炼没有什么意义。修炼的手段也是非常明了的，但为何要那样吃苦甘愿受此约束！为什么全神贯注于丹田却从不花钱？为什么专念于一项苦行，却对其他需要修炼的东西，比如：冲动却不进行控制呢？假如观察者的国家没有此类自我修炼的特殊方法，突然来到高度信赖此等修炼方法的国家中，就极易产生误解。

在美国，很少有人做这样自我修炼的。美国人认为，一个人如果在生活中能找到有望实现的目标，他才会决定自我修炼，以达成或实现自己选定的目标。是否需要施行那样的自我修炼，还取决于他的理想、良心或维伯伦所谓的"职业本能"。要当足球运动员，便须接受严格的管理和训练；要做音乐家或成就其他的事业，就必须放弃其他的一切娱乐。他的良心将使他远离恶行或轻率的举动。但在美国，自我修炼是一项技术，它不同于代数，可以不必考虑将其用于特定的事例当中。如果说美国有人修行于此，那是欧洲某些教派领袖或传授修炼方法的印度教教师——牧师教的，基督教圣·特丽萨与圣·胡安所传授的以冥想等宗教修行，在美国几乎已经绝迹。

但日本人却认为，无论是参加中学考试的少年，参加剑术比赛的选手或者是过着贵族般生活的人，除了要学习应付考试必需的特定知识或技艺外，他都必须接受自我修炼。无论学习的考试多么重要，无论剑术的技艺多么高超，也不管你怎样的知书达礼，都必须放下书籍、放下竹刀或中止社交完成特殊的修行。当然，并不是所有的日本人都要修行的。但即使不做修行，日本人也承认自我修炼的作用及在生活中的位置。各个阶级的日本人皆以一定之规制约着自己和他人的行动，且以特定观念下的一系列概念制约其判断。

日本人自我修炼的内容大致分为两类，一类培养的是能力，另一类则是高于能力的素质。我将后者称为练达。两者在日本是截然区分的，目的是区分所产生的不同心理。第一类是培养能力的修行，本书中已举出若干相关实例。如那位陆军军官所言，他的士兵日常训练常常是连续六十个小时不睡觉，只有十分钟的短暂瞌睡。他说，"他们都会睡觉，用不着教。他们需要的是不睡觉的训练"。在我们看来，这种要求太过极端，军官却认为那是一个士兵所必需具备的能力，士兵们必须有能力控制自己的肉体，使之具有能胜任无限训练的可能性。日本的精神统御法认为，不存在身体不可以蒙受损失的健康法则。日本人的整个"人情"理论都建立在这种假定之上。当面对人生重大问题的抉择时，即便肉体的要求对于健康不可或缺，即便它至关重要受到百般呵护，此时也必须彻底地蔑视或放弃。无论怎样的自我修炼，但核心是发扬日本精神。

但是，这样描述日本人，或有一些曲解。因为在美国的日常用语中，"所有自我训练"大致与"不惜任何自我牺牲"同义。美国人的修炼理论是，男女皆须经过儿童时期的强化训练，才能使之趋于社会化，无论这种修炼是外部强加还是意识所形成的。修炼是一种压抑，但他必须做出牺牲。为此，他心中不免会激起反抗的情绪。这种观点，并不仅仅是美国多数心理学专家的见解，它是家庭中父母抚育后代的哲学。正因如此，心理学家对我国社会作出的分析包含了许多真理。到一定时间孩子们就"必须睡觉"。而从父母的态度上，便会明白睡觉是一种压抑。在许多家庭中，孩子们到了晚上为他们规定的睡觉时间时就会打闹、撒娇，表达他们的不满。美国孩子受过相应的训练，知道每个人都"必须"睡觉，但却仍然要闹事要反抗。除此之外母亲还规定一些孩子必须吃的东西。可美国的孩子们却讨厌那些"非吃不可"的诸如燕麦粥、菠菜、面包、橘子汁等食物。他们认定，凡"有益于健康"的食品统统不好吃。美国的这种习惯，在日本是看不到的，在欧洲的少数国家如在希腊也看不到。在美国长大成人，意味着从食品的压抑中解放出来。大人可以吃美味的食品，而不仅是从健康考虑。

　　然而，这些有关睡觉和饮食的理念，与西方人整个儿自我牺牲的概念相比，都是微不足道的。西方人的标准原则是父母要为子女付出牺牲、妻子要为丈夫付出牺牲、丈夫为家庭生活牺牲。这些都是西方人关于牺牲的标准信条。对美国人而言，一个社会没有自我牺牲的精神是不可思议的。而实际上也的确如此。人们在这样的社会中做着自己喜欢的工作。虽说父母仍会疼爱儿女，女性专注婚姻多于其他生活，而丈夫也是做他喜欢的工作养活一家人，比如或为猎手或为花匠。这怎么算是自我牺牲呢？社会强调做出这样的解释，人们或也认可基于这样解释的生活，而此时几乎无人认可自我牺牲的概念。

　　美国人所认为的为他人付出的一切，在其他文化中却被看做是相互交换或看做是有回报的投资或施恩。在这样的国家里，就连父子关系也不例外。父亲在儿子年幼时付出，儿子在父亲晚年或过世后回报。任何实务上的关系都是一种生活契约，在保证等量返还的同时，通常要求的义务是一方提供庇护而另一方承担服务。只要对双方都是有利的，当事者都不会认为自己履行的义务是什么"牺牲"。

日本人认为为他人服务背后的强制力是相互间的义务，同时要求保证对等，一方承担保护的义务，另一方承担服务的义务。因此这种自我牺牲的道德地位与美国迥然不同。日本人对基督教传教士的自我牺牲说教，历来持反对的态度。他们的主张是，有道德的人不应将为朋友服务看做是自己受挫折。有位日本人对我说："你们所谓的自我牺牲，在我们眼里却是心甘情愿的事。我们是绝不会感觉遗憾的。不管我们实际上为他人付出了多大的牺牲，我们都不会觉得自己的精神境界因此提高或应有回报。"这样的国民当然不会将自己的行为看做是"自我牺牲"。他们履行极端的义务，然而传统的相互义务强制力却令他们感觉不到自我怜悯或自我完善。

因此，要理解日本人一般的自我修养习惯，就必须对我们的"自我训练"观念做一个外科手术。我们必须将美国文化周围附着的"自我牺牲"和"挫折感"作为赘生物一起割掉。在日本，要成为出色的运动员就要进行自我训练。日本人的态度是：这就是桥牌比赛，训练中全然没有牺牲的意识。当然训练是严格的。那种严格理所当然乃由事物的本质所决定。初生的婴儿是"幸福"的，却没有"体味人生"的能力。只有经过精神训练的积累，才能使生活变得充实且获得"体味"人生的能力。这种说法的通常被译作："唯如此才能享用人生"。这会让人生更加广阔。

日本用以"能力"培养的基本原理是，它提升了一个人对个人生活的驾驭能力。他们说，虽然刚开始感觉那是难以承受的，但这种感觉不久便会消失。因为他终究会享受修炼的乐趣和益处，或者是他抛弃了修炼。徒弟要在商业上创出业绩，少年要修习"柔道"之要谛，媳妇要符合公婆的要求。在修炼的最初阶段，不习惯那些新要求的人自然想逃避那种修养。此时，他们的父亲便会教训说："这是鼠目寸光，要想懂得人生，这是必须要接受的训练。如果不认真对待，将来遭殃的就是自己。到了那一天，当你在社会上遭人唾骂，我是不会祖护你的。"借用他们常用的说法，修养就是要磨砺"身上的锈迹"。让自己变成一柄锋利无比的刀剑。这是他们的目的。

日本人坚信自我修炼带给自己的好处，但这并不意味着他们的道德戒律所要求的极端行为并不是真正的严重挫折，或这种挫折完全不会酿成攻击性的冲动。这里的区别，美国人在游戏和体育比赛中是能够理解的。桥牌高手不会抱怨那些努力是作自我牺牲，也不会将练成高手耗费的时间看做是"压抑"。但内科医生说，豪赌或竞技比赛时高度的精神集中，与胃溃疡或心理抑郁有关联。日本人也会发生同样的事情。但是，相互义务的观念具有强制力作用，加之确信自我修炼将会带来好处，致使日本人很容易接受许多美国人难以忍受的行为。他们无怨无悔，十分敬业。这让美国人很感佩。他们不会像我们这样总是找借口，把生活的不满转嫁于他人。他们也不会像我们美国人这样常陷于自我怜悯的情感中。我们不去追求这里面的真正起因，我想原因在于，他们没有获得美国人所谓的平民幸福。他们的修炼让他们比美国人更加在意"身上的锈迹"。

除了培养"能力"的自我修炼，还有一个超越其上的"练达"境界。对于这一境界的修炼，西方人虽看过日本人对此的有关描述，但还是不太明白，而专门研究这个问题的西方学者又常常采取不理不采的态度。他们时而将之称为"违反常规的怪癖"。一位法国学者在其著述中写道："那种训练完全是'缺乏常识'。他将所有宗派中最重视修炼且尤具力度的禅宗，称做'严肃而荒谬的执迷'"。实际上，日本人企图通过那样的修炼达到的目标绝非不可理解。对于这个问题的探究，有助于辨明日本人的精神统御法。

日语中有一系列表达自我修炼已臻完美的词汇。这些词汇分别用于演员、宗教信徒、剑客、演说家、画家乃至茶道宗师。这些词语有着相同的一般性含义。我们来考察"无我"这个词，还是一个禅宗用语。它所表达的练达是世俗经验抑或宗教经验，是指人的意志与行动间"已无毫发间隙"，犹若电流直线式地由阳极贯入阴极。而没有达到"练达"的程度的人，意志与行动间仿佛挡有一种绝缘壁，日本人将此障壁称做"观我"或"妨我"。而经由特别的训练清除了前述障碍且进入练达的境界之后，就完全化去了"我的行为"之意识。我的行为仿佛电流在电路中自由流动。这种境界凝于"一点"。

在日本，最普通的人也在努力达到那种"练达"的境界。英国的佛教研究权威查尔斯·埃利奥特爵士在其《日本佛教》中谈及一位女学生时说：

她来到东京的一位著名传教士处，期望加入基督教，传教士问她理由。她回答说，因为我很想乘飞机。问她坐飞机与信仰基督教有何关联，她回答说，听说坐飞机要有一颗非常镇静、遇事不乱的心，而那只有通过宗教的修炼才能获得。她认为宗教中最好的便是基督教，为此前来求教。

日本人不仅将基督教和飞机连接在一起，且认为那种"镇静沉着、遇事不乱"的修炼，在入学考试、讲演或政治生涯中都是不可或缺的。在他们看来，坦然淡定态度的修炼，几乎在所有的职业中都能带来益处。

许多文明都发展这种修炼技巧，但日本的目标与方法却有着显著的、完全独特的风格。这非常有趣，因为日本的许多修行技巧都来自印度，在那里被称为瑜珈。日本的自我催眠、精神贯注和五官控制，如今仍显现出同印度修行的亲缘关系。日本同样重视心中无存杂念，身体静止不动，千遍万遍地诵念同一箴语，以全神贯注于特定的标志。甚至印度的术语也通用于日本。但除了前面讲到的共同点之外，日本与印度的修行炼术并无共同之处。

印度的瑜伽派是一个极端主张禁欲苦行的宗派。他们认为那是一种轮回解脱的方法。人们只能在这种解脱亦即涅槃中获得解救。障碍就是人的欲望。清除欲望的有效方法就是忍受饥饿、受辱或心甘情愿地承受苦难。借助此等途径，人才可以成为圣人，达到人神合一的境界。瑜伽修行是一种摈弃凡尘、逃离人间的方法，也是一种把握灵性能力的方法。苦行越是极端，到达目标的路程便越短。

这种哲学对于日本人是陌生的。日本虽是一个佛教大国，但轮回和涅槃的思想，却不是日本国民信仰的佛教的内容。虽有少数僧侣接受了这种教义，但却从没有成为民间舆论和公众看法。在日本，没人将生灵看做人类的灵魂转世而因此不准杀生。日本的葬礼及庆祝诞生的仪式，也没有轮回思想的渲染。轮回不是日本的思想模式，涅槃思想也不被一般民众所接受，最终只能在僧侣们的干预下销声匿迹。有学问的僧侣们断言，开"悟"之人即已达到涅槃境界，涅槃随处可见，人们在松树中或野鸟中皆能"得遇涅槃"。日本人自古以来就对死后的世界不感兴趣。他们的神也有神的故事，没有死后的世界。他们甚至在意念中彻底摈弃了佛教死后因果报应的思想。在他们的观念中，无论什么人哪怕是身份最低的贱民，死后都能成佛。佛坛上供奉的家人灵位上，写的也是一个"佛"字。这样的用法在其他佛教国家是没有的。即：对于平凡的、极其普通的死者也用如此高的尊称，这样的国民自然不会以涅槃重生做为理想的中心。既然怎样都可成佛，便也没有必要刻意追求一生的肉体苦役，去求得必然的目标。

日本人对肉体与精神之间不可调和的教义很是陌生。瑜伽修行是祛除欲望的方法，欲望寄居于肉体之中。但日本人没有这样的教义。他们并不认为"人情"是恶魔。感官的享乐是生活的一部分。唯一的条件只是，感官在人生的重大义务前必须付出牺牲。日本人在面对瑜伽修行时，从逻辑上将这一信条推展到极致。他们不仅否定一切自虐的苦行，而且类似于此的仪式也不是苦修的，而且他们所提及的"悟者"，也是如此，但一般情况下仍与妻子在一起，在风景明媚的自然中过着安乐的日子。在他们的理念中，娶妻育子与圣者之间没有丝毫的矛盾。在所有的佛教宗派中，净土真宗是最为通俗的宗派，僧侣完全可以娶妻生子建立家庭。日本从未轻易地接受灵肉不容的说法。开"悟"入圣，乃因其积聚了冥想修行之功德且生活简朴，而不是身穿破衣烂衫、对美女视而不见，妙乐充耳不闻。日本圣者的生活风雅，是吟诗、品茶、赏月、观花。恰如现时的禅宗要求信徒避免"衣不足、食不足、眠不足"。

瑜伽修行的哲学宗旨是其教授的神秘主义的修行法：将修行者引入一种忘我入神、宇宙合一的境界。而这种信条在日本也是不存在的。无论是原始民族、伊斯兰教信徒、印度瑜伽的修行者抑或中世纪的基督教徒，无论各自的宗教信仰如何，他们都异口同声地说他们达致了"神人合一"，体验了世间所没有的喜悦之情。日本人有神秘主义的技术，但却没有神秘主义。这并不意味着他们不会入定。他们也能达致忘我的境地。但他们把恍惚状态也看做"一点会聚"的修炼法，而不是所谓的"入神状态"。某些国家的神秘主义者认为，入定时五官活动处于停止状态。禅宗的看法却不同，他们认为入定会使"六官"达到异常敏锐的状态。第六官是在心中。通过修炼第六官可以支配凡常的五官。不过，味觉、触觉、视觉、嗅觉和听觉入定时要接受种种特殊的修炼。参禅者的修行之一，就是倾听无声的足音，并能准确听出一个场所移动至另一个场所的足音；或于三昧境界中，不中断地辨识诱人的美食美味。嗅觉、视觉、听觉、触觉、味觉都是在帮助"第六官"，一个学会进入这种状态的人能实现让自己"所有感官都变得敏锐"。

这在任何重视超感觉经验的宗教中都是例外现象。甚至一个已处于"入定"之中的修禅者，也不能超脱于自我身外，而像尼采描述古代希腊人那样，"保留自己的原我状态或保持自我的市民名义"。在日本伟大佛教法师的言论中对此处事观点有很多生动的描述。而其中最为精彩的是高僧道元的佛语。道元13世纪开创日本曹洞宗，至今仍是禅宗中最大、最有势力的宗派。他谈到自己的"开悟"时说："我只知垂直的鼻子上是水平的眼睛。……没有一点异样，就像时间自然流逝，日升于东，落于西一样。"禅学书籍中并不承认，三昧经验除了能培养人的能力之外，还能使其有其他超人的能力。有一位日本佛教徒写道："瑜伽修行的主张是，瞑想可以让人获得种种超自然的能力，禅宗则否定这种荒谬的主张。"

日本对印度瑜伽派教派的观点是持否定态度的。说到日本人对于纤细感觉的酷爱，便会联想起古希腊人。日本人将瑜伽修行理解为完善自我的修炼，理解为一种达到"练达"的手段在这种境界中，人与其行为间毫无缝隙可言。那是一种有效运用力量的修炼，也是一种依据自我生命力的态度养成或修炼。人们借以面对任何事态，过犹不及，且须适时地付出恰当的努力。此外，它给人以控制任性的力量，使自己无论遇到外部的威胁，或是内心激发的狂热，都会镇定自若。

当然，这种修炼不仅有益于僧侣也有益于武士。事实上，将禅宗当做宗教的正是武士。除了日本，没有任何一个国家将神秘主义修行当做武士出奇制胜的训练方法。重要的是，日本自禅宗传开的初期便是如此。12世纪日本禅宗创建者荣西的一本伟大著作即取名为《兴禅护国论》。且禅对于武士、政治家、剑客和大学生，授予的完全是一种达致世俗目标的修炼方法。正如查尔斯·埃利奥特爵士所言，在中国的禅宗史上没有迹象表明禅在传到日本后会成为军事训练的一个手段。"禅和茶道、音乐一样，变成了地道的日本式文化。在十二、十三世纪的动乱时代，禅的主张是从人心的直接体验而不是从经典之中寻求真理。不难设想，这种冥想式的神秘主义教义会在僧院这样的避难所或逃避尘世灾难的出家人中间流行；真的无法想象，竟至成为武士阶层喜好的生活准则。然而事实的确如此。"

日本许多教派，包括佛教和道教，都特别强调冥想、自我催眠和入定之类的神秘修行法。其中有些教派还主张将这种修炼的结果看做是神的恩宠的佐证。这种哲学的基础其实建立在"他力"的观念之上的，即倚靠"他者力量"。与之相反的教派则认为，作为最显著的例证，禅所倚靠的是自身的力量。这些宗派强调，可能性的力量仅存于自身，唯有自己的努力才能使之最大限度地发挥。日本武士们发现，这种教义与他们的性格不谋而合。社会活动中，无论作为僧侣、政治家还是教育家，这些职能皆与武士密切相关，对于禅的修行支撑了一种刚健的个人主义。禅的教义十分具体："所求者，修禅所追求的光明，要能够在自身得以体现，不容任何阻挠。清除一切孽障……遇佛杀佛，逢祖灭祖，遇圣屠圣。唯此一途，可以得救。"

探索真理的人排斥一切间接，无论是佛的教导、经典还是神学。"佛经篇篇都是废纸。"研究它或许能够获益，但却不能产生心灵的火花。而唯有这灵光一闪，才能促人顿悟。一本禅语问答集中有这样的记载：弟子求禅僧讲解《法华经》。禅僧讲得头头是道。弟子听后却失望地说："哎呀，我还以为禅僧蔑视经典、理论和逻辑体系哩！"禅僧回答说："禅并非一无所知，只是相信真知在一切经典、文献之外。你不是来求知的，只是个来求解佛经的。"

禅师们使用传统的训练方法教授弟子"悟道"。有肉体方面的也有精神的方面，反正最后须在学习者的内心意识中确认效果。剑术家的修禅便是最好的例证。当然，剑客必须掌握剑术的正确套路，且不懈地进行演练。然而无论剑术多么高超，只是属于"能力"的范畴，他还要进一步修行"无我"的境界。开始，他须要站在平板地上，全神贯注在支撑身体的脚下地板。随着修行时间的延长，脚下的那块窄小的地板逐渐升高，最终要练到能站在一米高的立柱上，还要象立于庭院之中一样。当他能够坦然自若地立在那根柱子上时，他便开"悟"了。他的心经历了眩晕和跌落的恐惧，思想也不会再为恐惧而走神。

日本的这种站桩术修行，很多人都熟悉的西欧中世纪圣西蒙派站桩苦行，后演变为具有目的性的自我修炼，但已不再是苦行。无论是修禅还是农村中的一般习俗，在日本任何种类的体能训练都经过了这样的演变。世界上许多地方都有苦行习俗。最为常见的便是跃入冰水或任由山瀑的冲击，以求得肉体的锻炼或神的怜悯，或是为了让自己进入"入定"的状态。日本人喜好的耐寒苦行，是在天亮前站立或坐在冰凉刺骨的瀑布之中，或在冬夜里用冷水冲浴三次。这是一种有意识的自我锻炼，目的是让自己失去痛苦的感觉。求道者的自我修炼，皆须达到不受任何外界干扰的持续冥想。当苦行者没有了水冷或黎明前战栗的寒冷意识时，便进入"练达"的境界。除此而外，不求任何回报。

同样，对精神的修炼也须"自悟"，可以求教于老师，但不会有西方人那样的"施教"。因为弟子的开悟离开自身的源泉便没有任何价值。教师可与弟子进行讨论，却不会亲切地指导弟子进而引导他们进入新的知识领域。对弟子越粗暴对弟子的帮助也越大。师傅时而会猝不及防地敲碎弟子奉上的茶碗，或下个绊子绊倒学生，或以用铜杖敲打弟子的指关节，弟子在此般突然的冲击下会有触电一样的感觉，这便是开悟。因为，这样便打掉了弟子的自满。在僧侣言行录中，这样的故事比比皆是。

师父们最喜欢做的让弟子开"悟"的方法是"公案"。字面含义是"问题"。据说有一千七百个问题。在禅僧轶事中，有人为了解明一个公案竟用了七年的时间，且类似的案例数不胜数。"公案"的目的并不是要得到合理的答案，比如："孤掌怎样独鸣"，或"留恋母亲未娩时"。"背负死尸行者谁"、"何人朝我走来"、"万法归——何归"等。此类公案在十二、十三世纪以前的中国曾经流行。日本引入禅宗的同时，也引进了这种手段。公案在中国大陆也已灭绝。但在日本，却成为进入"练达"境界的重要途径之一。在禅学的入门书籍中，公案受到极大的重视。"公案中包藏了人生的困境"。他们说，思考公案的人就像"被逼入绝境的老鼠"，或是"铁球堵在喉咙""想叮铁板块的蚊子"。会加倍努力。直到除去他心灵与公案之间的屏障。心与公案迅疾地融合为一。他也便达成了开"悟"。

读了这些，倘若再度翻开禅僧言行录，于其中寻找千辛万苦方可获得的伟大真理，则会令人失望。例如南岳用了八年时间思索"何人向我走来"。最终他明白了。他的结论是："即使此地有一物，也随即失去"。但禅语的启示也有某种通行的一定模式。

比如下面的问答：

僧问："我怎样才能避免生死轮回？"

师答："是谁把你绑在了轮回之上？"

借用中国的一句俗语，他们的学习此前就是"明明是自己骑在驴身上，却还找驴在哪里"。他们学习的"不是网与陷阱，而是用那些工具捕获的鱼兽"。借用西方的术语来说，这种学习乃是一种二难推理，两个方面皆与本质无关。他们学习的是，只要心眼开启，借助眼前现有的手段即可达到目标。一切都是可能的，也无须借助于外力。

这些与神秘主义的道理一样，公案的意义并不在这些真理探求者发现的真理。而在于日本人如何看待真理的探究。

公案被称做"敲门砖"。"门"装在未受启发的人性周围的墙上，仿佛周围布满了无数人监视的目光。他们总是担心眼下的手段是否够用，而他们的行动引致的反应却有褒有贬。这堵墙壁就是所有日本人感受深切的"耻感"之壁。一旦把门砸开，人就获得了自由解放，已无须再去解答公案了，学习完结，日本人的道德困境也便获得了解决。他们拼命死钻牛角尖，"为修行"变成"咬铁牛的蚊子"。最后他们才明白，哪儿有什么死胡同？在"义务"和"义理"之间，"义理"与"人情"之间以及"正义"与"义理"之间，

171

也都不存在死角。他们发现一条出路同时也获得了自由，从此便能尽情地"体验"人生。他们达到了"无我"的境界。实现了"练达"的目的。

禅学佛教研究的泰斗铃木，将"无我"解释为"无为意识的三昧境界"或"无努力"。"观我"被扫除了，"人失去了自我"，即自己已不再是自身行为的旁观者。依据铃木的说法，"意识一旦觉醒，便会分裂为行为者和旁观者。两者必然是矛盾相克的。因为行为者想由约束中摆脱出来"。因此对于开"悟"的弟子，可发现既无"观我"也无"作为未知或不可知之量的灵体"。这里唯有目标和实现目标的行动。研究人类行为的学者若想稍微改变表现的方式，或可借此词语指称日本文化的特性。日本人站在孩子的角度观察自己的行为，他们受到的修炼是彻底的。做为观察者极易受到伤害，但一旦升华"入定"了，便消除了易受伤害的自我，他已感受不到"自己的行为"。此时只觉得自己的心性修养已达境界，犹如高超的剑客安然立于一米高的柱子上。

画家、诗人、演说家及武士都是利用这样的方法达到"无我"的修炼的。他们学到的并不是"无限"，而是如何直接、明了地感受有限的美。或者说，那是为了达到目标而调和手段，用恰如其分的达到目的。

即使根本没有经受过训炼的人也可体会到"无我"的感觉。观赏音乐和歌舞伎的人，当其陶醉于剧情而完全忘却了自我时，也可说是失去了"观我"。他手上满是汗水，他觉得这就是"无我之汗"。接近目标的轰炸机飞行员在将要投下炸弹前，也会渗出"无我之汗"。他已没有了"行为之中的自我意识"。他的意识中完全没有了作为旁观者的自我。高射炮手专心观察敌机时，周围的一切便全无所觉，同样也会手中渗出"无我之汗"且失去"观我"。处于此等状态之中的人，在前面所说的任一场合中，都达到了最高的境界。

从上面的描述可以看出，日本人把自我监视和自我监督当成了一种沉重的负担。他们说，如果取消这些限制他们就会感到自由和富有效率。美国人将"观我"看做自我内心的理性原理。他们引为自夸的是在危机面前临危不乱且谨慎小心地采取行动。相反，日本人则须沉入灵魂的三昧境界，忘掉自我监视的束缚，才会感觉卸去了身上的重负。如前所述，他们的文化总是絮絮叨叨地说教，使他们的灵魂谨慎从事。然而日本人又认为，将前述重负弃如敝屣时，则会出现更加有效的人类意识平面。他们靠着这样的宣言，对抗前述理念。

日本人这种信条的最极端的表现是，"死人一样活着"，他们对"生活于死亡感觉中"的人评价很高。或许，照字面翻译成西方语言时，便是"僵尸"的意思。在任何一种西方语言中，"僵尸"都是一种贬义，这意味着某人的灵魂已经死亡，留在世上的只是一具躯壳。但是，日本人使用"像死人一样活着"这句话时，却意味着在"练达"的层次上生活。他们常将此语用于日常中的劝勉或鼓励。比如：在激励为中学毕业考试苦恼的少年时，他们常说"就当你已经死了，这样便容易通过"。在激励商人决定重大交易时，朋友们也常常会说，"要像死了一样地努力！"当某人遭遇严重的精神危机而完全不能自拔时，也常常鼓励他，"以死相博"。战后，当选为贵族院议员的、伟大的基督教领袖贺川在其自传小说中有这样的描述："他就像魔鬼缠身的人一样，每天在自己的房间里哭泣。抽泣的程度近乎歇斯底里。痛苦持续了一个半月，最终还是活下去了……我要以死的力量活下去。……我要像死了一样的投入战斗。决心要当一个基督徒。"战争期间，日本军人喜欢说："我就当自己死了，以报皇恩。"这包括了一系列的行动：出征前为自己举行的葬礼；发誓将自己的身体"化为硫磺岛上的泥土"；或决意"与缅甸的鲜花一起飘零"。

以"无我"为根基的哲学，也潜存于"死了一样活着"的态度中。人在这样的状态中便消除了一切的自我监视，因而也消除了一切恐惧心和警戒心。他已经成为死人，也就是说，他已经成为一个无须再为什么样的行动方针而烦恼的超越者。死者已无须报"恩"。死者是自由的。因此我要"当做死了一样的活着"这句话，意味着由矛盾、冲突中获得了终极的解放，也意味着"我的活动力和注意力不再受到任何的束缚，可以一往无前地实现目标，我和目标之间也没有'观我'和'恐惧'的阻隔。过去妨碍我努力追求的紧张感、努力意识乃至意气消沉的倾向，也都随之烟消雾散。从今往后，对我来说，没有做不成功的事了"。

按照西方人的说法，日本人在"无我"及"像死人一样活着"的习惯中排除了杂念。他们所谓的"旁观的自我"、"妨碍的自我"，指的是判断人类行为是非善恶的监督者和评判者。由此西方人与东方人的心理差异一目了然。在美国人眼中的没良心，指作恶时丧失了罪恶的意识；相反，日本人在使用此类词语时，却指称此人不再固执或不再受妨碍。同类词语，在美国是指坏人；在日本则指善人、经过训练的人，或能最大限度发挥能力的人，能完成艰难工作、拥有献身式无私行为的人。要求美国人行善的强大约束力是负罪意识，如果一个人的良心是麻木的，那么罪恶的举动在他身上就是可随时发生的。日本人对这个问题的认识有异议。依据他们的哲学，人之心灵原本向善。

倘内心冲动可直接转换成行为，人将轻易地履践德行。为此他们要致力于"练达"之修行，排除"耻辱"的自我监视。达到这种境界，"第六感官"的障碍才能清除，此即摆脱自我意识及矛盾冲突的终极的解放。

在了解日本人这种自我修炼的哲学时，倘若离开文化背景和生活体验，就是一个不解之谜。如前所述，其归之于"旁观的自我"的"耻辱"意识构成日本人深重的负累。若想透析其精神控制法的哲学真义，就必须了解日本人的孩童教育法，否则仍是无法辨明。在任何文化中，传统的道德规范都世代相传。不仅靠语言，也有赖长辈对其子女的言传身教。局外人若不了解他国的儿童教育，要理解该国家人们生活中的重大问题几乎无解。截至本章，我们都是针对成人做出的种种探究。而对日本儿童教育方法的考察，将有助于我们对此有一个更清晰的认识。

第十二章　关于儿童教育

　　日本的儿童教育不同于勤于思考的西方人。美国的父母们培养孩子将来所要面对的生活，远不及日本那样谨慎和克制，但也会从一开始就向孩子证实，他们的愿望并非是世上最高的准则。我们严格地遵守儿童的授乳和睡眠的时间表，不到计划好的时间，无论他怎么哭闹也不答应。对稍大一点有吸吮手指和触摸身体的其他部位行为的孩子，母亲会打他的手。母亲外出时会把孩子留在家里。到了规定的时间段，尽管他此时还不喜欢其他食物，也必须断奶，如果是用奶瓶喂养，也必须停止使用它。他必须吃对身体有益的食物，不守要求就要惩罚他。美国人会很自然地想到，日本的幼儿会教育可能更加严格，因为等待他们的是长大以后对欲望、严苛的道德准则的克制和遵守。

　　但是，日本人的做法并非美国人想的那样。日本人的人生轨迹与我们的恰好相反。它像一个浅 U 形弧线，幼儿和老年人分别代表 U 形弧线的两端，他们允许幼儿和老人享有最大限度的自由和放任。但随着孩子的年龄增长，约束开始逐渐增加，直至结婚前后自由达到最低点。低谷在成年时期持续许多年，在六十岁之后又逐渐上升，此时又可以像幼儿一样有相对的自由。在美国，这条变化曲线刚好颠倒过来，对婴儿的教养比较严格，而随着孩子逐渐成长而放松，直至他找到一份能够自立的工作，建立自己的家庭，就几乎可以不受任何约束了。美国人壮年期拥有最大的自由和放任，直到他精力衰退，办事能力下降，需要依赖他人时，相对的约束才开始出现。美国人很难想象日本人的教育模式是符合人性的，在我们看来，那样似乎是脱离实际的。

但是，无论是美国人还是日本人的人生曲线，事实上都是成功的。在美国，主要依靠增加个体壮年期的自由选择来确保它的实现，而日本人则依靠最大限度的束缚个体，尽管此时他的社会适应力最强，却因为这种能力的发挥受限，使他们无法主宰自己。他们深信束缚是良好的修炼，它所产生的结果是自由所无法达到的。但日本人在其最富有创造力的时期对束缚的增加绝不是对整个人生的束缚。童年和老年是相对自由的。

娇纵孩子的民族都希望要孩子。日本人正是这样。美国父母要孩子首先是因为爱孩子也是一种快乐，日本人要孩子原因也出于此，但与美国人不同的是。日本父母需要孩子，不仅是情感上的需要，更是出于他们要传继血脉，否则则是人生的失败。所以每个日本男子都要有自己的儿子，目的是在自己死后，每日能有人在客厅的神龛前拜祭，家族的荣誉和财产得以维护。这一传统原因，使得父亲需要儿子的程度几乎和幼儿需要父亲一样。儿子将来也会成为父亲，但这并不意味着取代父亲，而是让他安心。父亲在当了爷爷之后还可能会继续管理一段家务，然后把管理权交给儿子。如果他无法将管理权交给儿子，那么他自己的角色就毫无意义。这种深厚的延续性意识使成年的儿子对父亲的依赖不像在西方国家那样会感到羞耻，即使这种状况持续的时间要比美国长得多。

日本的女人需要孩子也不仅是情感需要，有很大一部分因为是只有当了母亲，自己在家庭里才有地位。没有子女的女人在家庭中的地位是不稳定的，即使她没被抛弃，她也永远没有充当婆婆角色。之后，她的丈夫会收养一个儿子来传继血脉，但这不会改变无子女的妻子的家庭地位。日本女人都希望自己能多生孩子，20 世纪 30 年代前半期，日本平均出生率为 31.7‰，甚至比多子女的东欧国家还高，而美国 1940 年的出生率为 17.6‰，日本母亲生育年龄很早，多数在 19岁时就当母亲了。

在日本，分娩和性交一样都是隐秘进行的，分娩时女人不能喊叫以免让人知道。孩子出生前，准母亲要提前准备好一张小床和新铺盖，婴儿没有新床被认为是不吉利的。即使是贫苦家庭无力准备新的也要将旧的翻新，且要松软，尽量让婴儿睡得更舒服。但睡觉时，母亲与新生儿要分开睡，这是根据一种"感应巫术"，即新人必须睡新床。虽然婴儿的床离母亲的床很近，但婴儿不能与母亲在一起睡，大约在一岁左右，婴儿才可睡在母亲的怀抱中。

婴儿出生后的前三天是不喂奶的，因为日本人要等待真正的奶汁流出。此后婴儿可以在任何时候吮吸乳房，或是吃奶或是吮着玩。母亲也乐意给婴儿喂奶。日本人认为哺乳是母亲最大的生理快乐，婴儿也很容易学会分享这种快乐。乳房不仅满足婴儿的食物需要，它也是让婴儿快乐和舒适的所在。婴儿出生满月前或者被放在床上睡觉，或者被母亲抱在怀中，只有在满月时，到当地的神庙参拜后，人们才认为他的生命已牢牢固定于身体，这样带着他外出才是安全的。一个月后，他会被母亲背着，用一条双肩带系在他的手臂和屁股下面，然后穿过母亲的双肩，系在腰前。冷天，母亲会加个外套把婴儿裹好。在日本家中年纪大些的孩子，无论男孩女孩，甚至是在玩耍时也会替大人背着小弟弟或小妹妹。农村居民和穷人家庭尤其依靠孩子照顾孩子，"日本幼儿从小就生活在人群中，很快就变得聪明有趣，似乎自己也在玩大孩子正在玩的游戏，和他们一样快乐"。日本婴儿的四肢伸开绑在背上与太平洋岛屿和其他地方通行的用披肩背婴儿的做法很相似，这让被背着的婴儿很被动。在被用这种方式背着的婴儿长大后，能够随时随地睡着。但日本人的捆绑方式不至于像用披肩或包袱带儿那样，使婴儿处于完全的被动性。婴儿会像小猫一样紧紧抱着别人的背，系着他的背带足够安全，婴儿可以依靠自己的努力获得一个舒适安全的姿势，他很快就能掌握很多趴在背上的技巧，而不只是绑在别人肩上的"包袱。"

母亲工作时把婴儿放在床上，上街时背着走。她和婴儿讲话，哼着小曲，并让他做各种礼貌动作。母亲做还礼动作时，也晃晃婴儿的头和肩，这样他也行礼了。婴儿总要学着和大人一样。每天下午，母亲都带他一起沐热水浴，把他放在膝上逗他玩耍。

三四个月大的婴儿都要系上尿布。便于吸尿的尿布一般都选择用厚实和柔软的布垫，日本人常抱怨他们的罗圈腿是因此造成的。婴儿再大点儿时，母亲开始教他便溺，估算好他要便溺的时间，就把他抱到户外。妈妈吹着低沉单调的口哨，刺激他便溺。孩子也懂得这种听觉刺激的目的。人们都认为，日本婴儿和中国婴儿一样，很早受到便溺的训练。如果婴儿尿床，有的母亲就会拧他的屁股，但一般只是恫吓一番，并会更频繁地把他抱到户外教他。婴儿如果便不出来，母亲会给婴儿洗肠或服泻药。她们认为这样会使婴儿舒服些。婴儿懂得如果便溺后就不再系尿布了。这样孩子也觉得舒服了，这不只是因为它重，而且也溻的难受。但是婴儿太小，还无法认识到学会便溺与不系尿布之间的关系。他们只是本能地知晓这种必须坚持的动作无法逃避。这种强迫性的训练为孩子成年以后接受日本文化打下基础。

日本的小孩通常是先会说话，后会走路。日本的父母不鼓励婴儿爬行。传统的习惯是在周岁之前不应该站立或走路，母亲还常常阻止婴儿的这种尝试。近十几年来，政府在其发行的廉价的、普及的《母亲杂志》中宣传应鼓励婴儿早些学会走路，这才逐渐普及。在训练婴儿走路时，为防止婴孩摔倒，母亲在婴儿手臂下套一个绳圈，或用手护着婴儿。但是婴儿学说话的愿望会早些的。当婴儿开始讲话时，大人们逗婴儿时所讲的话开始变得有目的了。他们不让婴儿从偶尔的模仿中学习说话，而是教婴儿词语、语法和敬语，婴儿和大人都很喜欢这样的方式。

日本孩子学会走路以后会很淘气。他们会用手抠破纸墙，或掉进地板中央的地灶里。为了防止这些事故的发生，大人就夸大房子中的危险，在日本，踩门槛上被认为是危险可怕的，也是禁忌。日本的房子没有地下室，是用托梁架在地面上的，即使是一个孩子踩在门槛上，家里人也会感到整个房子会变形。不仅如此，孩子不能踩或坐在两张床席的连接处。床席的大小都是标准的，房间被称为"三铺席房间"或"十二铺席房间"。他们经常告诫孩子，古时的武士经常从房子下面用他们的刀从两席之间将人刺死。只有厚软的床席才是安全的，两席接缝处则很危险。母亲经常用"危险"、"不能"这类带有感情色彩的词来吓唬孩子。第三个常用的劝诫词是"脏"。日本家庭的整洁是尽人皆知的，孩子们从小就受到这方面的教育。

在下一个孩子出生之前，多数日本婴儿还没有断奶。但是政府近来在《母亲杂志》上提倡八个月时断奶。中产阶级的母亲这样做了，但它还远未成为全日本人的习惯。日本人认为哺乳是母亲的一大乐事。那些逐渐采纳新习惯的人们认为缩短哺乳期是母亲为了孩子健康作出的牺牲。她们接受了"长期哺乳的孩子身体弱"的宣传后，反过来批评不让孩子断奶的母亲。她们说："她说无法让婴儿断奶只是借口，下不了决心只是她自己想继续这样，为了自己更快乐。"由于存在这种态度，八月断奶未能普及则是很容易理解的。推迟断奶还有一个现实原因。日本人还没有给断奶的婴儿准备好符合要求的食谱。他们只会喂断奶的孩子吃稀粥，但通常情况是直接从母乳转向成人食品。日本食谱中没有牛奶，他们也不为婴儿准备特殊的蔬菜。在这种情况下，人们有理由怀疑政府所宣传的"长期哺乳的孩子身体弱"是否正确。

日本的婴儿往往在能听懂别人说话以后断奶。吃饭时，他们坐在母亲的腿上，由母亲喂一些容易消化的食物。不吃奶的婴儿的食量会增加。这时一些婴儿的喂养会成为问题，对于因下一个孩子出生而必须断奶的婴儿来说，这种现象就更容易理解了。母亲经常给他吃些甜食，以让他不要恋奶。有时母亲会在乳头上抹点胡椒粉，但多数的母亲都会嘲笑要吃奶的孩子说，再吃奶就证明你还是个小宝宝。还会说："看看你表弟，比你小都不吃奶了。""他正在嘲笑你呢！你也是个男孩却还要吃奶，多丢人！"这样两三岁甚至四岁的孩子如果还要母亲的乳房，一发现大点的孩子走过来，就会马上松开，并佯装没这回事。

用这种讥笑的做法不仅限于让孩子断奶也用于其他事情。从孩子能听懂别人讲话时起，这种方法就运用在各种场合。母亲会对哭闹的男孩子说"你又不是个女孩"，"你是个大人了"，或者说："看那个弟弟，他就不哭。"当客人带小孩来访，母亲会当着自己小孩的面，亲吻客人孩子，并且说："我真想要这个宝宝，我就喜欢这种听话的孩子。你一点也不像和你一样大的孩子。"那么她自己的孩子就会扑到她怀里，一边用拳头打妈妈，一边哭着说："我不，我不，我们不要养其他的孩子了，我听你的话！"当一两岁的孩子吵闹或不听话时，母亲会对男客人说："你想把这个孩子带走吗？我们不要他了。"客人也会很合作地扮演这个角色，作出要带走孩子的姿态，这时，孩子就会哭喊着叫母亲来救他，并十分气恼。当女主人认为这种逗弄起了作用，就会爱怜地把孩子拉到身边，要他保证以后一定听话。这种小把戏有时也演给五六岁的孩子看。

这种逗弄的方式有许多种。像母亲站到丈夫身边对孩子说："我不喜欢你了，我喜欢你爸爸，你爸爸比你乖。"孩子就会变得非常妒忌，要把父亲和母亲分开。妈妈就说："你爸爸不会在房子里乱喊乱叫，也不会满屋子里跑。"孩子也会保证说："我也不会那样做了，我是好孩子，你要爱我。"戏演足了，目的达到了，父母会相视而笑。他们也会像逗弄儿子一样逗弄女儿。

这种经验滋生了日本人成年后明显地害怕受到嘲笑和排斥的心理。我们不知道小孩子在多大时才能明白这种逗弄是在开他们的玩笑，目的是一种劝说。在他们明白的时候，这种害怕受人嘲笑的意识与儿童对失去一切安全和亲密的恐惧感是一样的。成年以后受到嘲笑时的感觉仍留有童年时期的阴影。

这种逗弄之所以能对小孩造成了这么大的影响，是因为家庭是安全和自由的地方。父母在家庭中的职能都有绝对的分工，很少以竞争者的姿态出现在孩子面前。母亲和祖母承担家务和管教孩子，他们都毕恭毕敬地伺候和尊重长辈。家庭等级关系是明确的。孩子们明白，长辈有特权，男性比女性有特权，兄长比弟弟有特权。像前面讲过的一样，日本人的幼儿时期有相对的自由性，男孩尤其显著。母亲可以任由三岁的男孩向自己发脾气。但他永远不能对父亲有任何不敬，但当他感觉受到父母嘲弄或要被"送给别人"时，他可以直接向母亲和祖母发泄怒火。当然，不是所有的小男孩都脾气暴躁，但在农村和上层阶级的家庭中，人们都把它看成是三到六岁儿童正常性情的一部分。小孩用小拳头打妈妈，哭闹，极尽暴烈之能事，甚至还把母亲所爱惜的发型搅乱。他的母亲是女人，而即使他只有三岁，但他是男人。他能从暴力发泄中得到满足。

　　父亲是家庭等级中地位最高的，孩子对父亲只能表示尊敬。用日本人的常用语来说是"为了训练"，孩子必须学会对父亲表示应有的尊敬。日本父亲对子女的管教比西方国家的父亲都少。对子女的教育主要由母亲来承担。日本父亲一个简单安静的凝视或简短的训诫常常表明了他对孩子的所有要求，由于情况很特殊，所以孩子也很快都学会理解和服从。父亲会在空闲时为孩子做玩具，有时，父亲也像母亲那样抱抱孩子。对于这个年龄的儿童，父亲偶尔会承担教育责任，而美国父亲一般把这种责任托付给妻子承担。

　　祖父母也是孩子们需要尊敬的对象。但孩子们与祖父母在一起的时候，也是他们最自由最快乐的时候，祖父母不负责管教孩子。但当她们对子女的教育感到不满时，她们就会承担起这种责任，这也会产生许多摩擦。祖母常常一整天陪在孩子身边。在日本家庭中，祖母和母亲争夺孩子的事极其普遍。从孩子方面，他受到双方宠爱；而祖母常通过孙子来制约儿媳妇。年轻的母亲一生中最大的义务就是使婆婆满意，因此无论祖父母多么宠孩子，她都不能反对。母亲刚说完他们不应再吃糖了，祖母却马上又给，还会反讥说："奶奶的糖果不是毒药。"在许多家庭中，祖母给孩子的礼物，往往是母亲没有的，并且她们比母亲有更多的闲暇带孩子玩。

哥哥姐姐也会听从父母的话而宠爱弟妹。日本的孩子很善于意识到这样一种结果，即下一个婴儿出生时，自己会"失宠"。他们会意识到：这个新生儿的到来将使他必须放弃母乳和睡在母亲身边。在新婴儿出生之前，母亲就会告诉孩子他马上会有一个真娃娃，而不是玩具娃娃了。以后他只能和爸爸一起睡了，而妈妈要和小宝宝在一起睡，并把这描述为一种特权。孩子们也为新宝宝的出生做准备。他会为新宝宝的出生感到由衷的激动和高兴，但这种感觉会很快消失，因为一切都在预料之中，所以也并不感到特别难受。有的孩子会抱起婴儿对母亲说："我们把宝宝送给别人吧！"妈妈会告诉他说："这可不行，这是我们的宝宝呀，我们都要好好对他，瞧，他朝你笑呢，你得帮忙照顾宝宝！"这种情景有时反复出现许多次，但母亲似乎并不怎么担心。在较大的家庭中，如何协调他们之中的关系，一般都有惯常的习俗：孩子们会按年龄大小结成更亲密的关系，老大照顾老三，老二照顾老四。在七八岁之前，孩子的性别对这种安排的影响很少。

每个日本孩子都有自己的玩具娃娃，一般都是父母及亲友送给的，有的是做的，有的是买的。穷人们则几乎都自己动手做。小孩子用这些玩具过家家、办婚礼、过节日等。先为"真正"的大人怎么当争论一番，有时交由母亲作裁决。发生争吵时，母亲会说："贵人度量大"，来劝孩子忍让，有时也会暗示说："为什么不会等一会儿？"三岁大的孩子很快就会明白，母亲的意思是先把玩具给小孩子，他一会儿就玩腻了又会要其他的东西，这样放弃的玩具就是你的了。或者在玩主仆游戏时，母亲会让大孩子当仆人，说大家都高兴，你也有乐趣。"学会等待"在日本人的生活中，即使是在成年以后的生活中，都是一条极受重视的原则。

在儿童的养育过程中，除了训诫和哄骗以外，分散和转移孩子的注意力也是重要的教育方法。为达此目的甚至不停地给糖吃。随着孩子临近学龄，会使用各种办法。如果小男孩发脾气、不听话或吵闹，母亲会带他去神庙或寺院去。母亲的态度是"让我们求神佛来治治他吧！"这常常是一次愉快的旅行。施予治疗的僧人会和孩子很认真的交谈，并询问他的生辰和问题。然后就开始祷告，接着告知他已治疗好了，有时会说孩子不听话是因为肚子里有虫子，为孩子驱虫，然后让他回家。日本人认为"这短期内有效"。对日本小孩最严厉的惩罚被认为是"药"。这是一种装有艾粉的小圆锥容器，加热后放到小孩的皮肤上，这会留下永久的疤痕。艾灸是一种古老的在东亚广泛流行的疗法，它在日本被作为对疼痛的疗法。艾灸还可以治脾气暴躁和固执己见。一个六七岁的男孩就可能被他的母亲或祖母用这种办法"治好"。十分顽皮的小孩也许要治第二次，但三次的情况很少见。它并不是惩罚，而我们说"你要这样做我就揍你"是一种惩罚。但这比挨揍要痛得多，孩子于是明白不能淘气，否则就要受惩罚。

除了用这些方法来对付不听话的孩子，还有一些教孩子必要的身体技巧的传统方法。他们尤其强调老师手把手地教孩子动作，孩子则必须被动地接受。在孩子两岁之前，父亲就让孩子盘腿端坐，脚背向下，开始孩子难以做到。端坐训练最强调的一个环节是稳定，不能乱动或改变姿势。他们认为其中的诀窍就是全身放松，处于被动状态。这种被动性是指需要父亲的强调和教导学习的姿势，不只是坐姿，也包括睡姿。尤其日本妇女更讲究睡姿，其严肃性和美国女人不能被看到裸体一样。日本政府为了赢得外国政府的认可，曾把裸体列为陋习，在此之前，日本人在沐浴时并不以让人看到裸体为耻，但对女性睡姿却十分重视。女孩必须双腿并拢，身体正直地睡，而男孩却不受限制。这是早期男女训练中有区别的规则之一。几乎和所有其他的要求一样，它对上层阶级比下层阶级要求更严格。杉本夫人在谈及她自己所受到的武士家庭教养时说："从我记事时起，晚上要安静地躺在木枕上。……武士的女儿在任何时候都应该是身心不乱的，即使是在睡觉时也是如此。男孩可以随意地伸开手脚而睡，而女孩则有所约束，表现出自制的神情。"日本妇女告诉我她们的母亲或保姆会在我睡觉时，手脚的摆放是有规矩的。

在用传统的方式教授书法时，教师也是手把手地教小孩写字。这是"为了让他体会"。在孩子还不会认字写字之前，就要让他们体会受约束、有韵律的运笔方法。在近代大规模的教学中，这种教学法不像以前那样受到强调，但仍在运用。鞠躬、用筷子、射箭以及在背上缚一个枕头以模拟背婴儿，都是通过手把手的纠正姿势来教授的。

除了上等人家的孩子外，孩子在上学之前都是与附近的孩子们在一起自由玩耍的。在农村，孩子们不到三岁就结成小团体。在乡镇与城市，在车来人往的街头和汽车的车厢中，孩子们都可以自由的玩耍。他们是享有特权的人。他们停留在商店旁边听大人们交谈，或是踢石子玩手球。他们聚集在村子里的神庙中，在神的庇护下安全玩耍。男孩和女孩在他们上学前和上学后的两三年内一起玩耍。同性别的孩子，尤其是同年龄的孩子最容易结成亲密的伙伴儿。特别是在农村，这种同年龄的友谊是伴随终身的，比其他关系维持的时间都长。在须惠村，上了年纪的人随着性关系的减弱，与同龄人的集会便成为人生的真正乐趣。须惠村的人说"同同龄的人在一起比和老婆还亲近"。

这种学龄前儿童之间结成的伙伴儿之间毫无拘束。在西方人看来，他们的许多游戏都是些让人看了很害臊和猥亵的事情。日本孩子们这样早地了解性知识，是因为成年人谈论此事时不知避讳，也是因为日本人居室狭窄造成的。此外，母亲逗孩子或给孩子洗澡时，喜欢逗弄男孩的生殖器，也是原因之一。只要注意场所和对象，日本人一般不责备孩子们的性游戏，手淫并不认为是不健康的。儿童伙伴儿们之间互相揭丑，互相吹嘘。日本人总是和善地笑着说"孩子们不懂什么叫羞耻"，还补充道："所以他们这么快乐。"这就是幼儿与成年人之间的巨大鸿沟。因为如果说一个成年人"不知羞耻"，就等于说他完全不讲尊严。

这个年龄的孩子们喜欢品评家庭和财产情况，并特别喜欢吹捧自己的父亲。他们常说的是"我爸爸比你爸爸本事大"，"我爸爸比你爸爸聪明"。他们还为夸耀各自的父亲而吵架。这种行为对美国人来说根本不值一提，而在日本，让对方听到这些话非常重要。成年人在提及自己家的房子时会说"敝宅"，尊称邻家的房子为"贵府"；在谈及自己的家庭时会说"寒舍"，尊称邻家为"府上"。日本人都承认，幼儿期间，从结成儿童伙伴儿开始到小学三年级，大约九岁左右，孩子非常强调个人主义的需求。有时候，他们会这样说："我当主君，你当家臣"，"不，我不当仆人，我要当主君"，有时是炫耀自己贬抑他人。"他们想说什么就说什么，但随着年龄的增长，他们明白有些话不能说，于是他们就等待别人询问，而且不再炫耀了。"

孩子对超自然事物的态度是在家中学习的，僧侣和神官并不"教"孩子这个。他的体验一般只在同其他参与者一起接受神官的洗礼得到的。有些孩子被带去参加佛教法事，但这多数是在节日里做。频繁的也是最主要的工作是在自家中以法师和神龛为中心，举行家庭祭祀。特别显眼的是祭祀家族祖先的神龛前，摆放着鲜花、某种树枝和香火。每天都要供奉食品，家中的长者向祖先述说家中发生过的大事，并每日在神龛前行礼，晚上要点上小油灯。人们常说不愿意在外过夜，因为如果不进行这些祭拜活动，总感觉心里不踏实。神龛一般是一个简单的架子，供奉着从伊势神庙请来的神像，其他各种供品也放在上面。厨房的神龛上也供奉着满是煤烟的灶神。门上和墙上也贴着许多神符。这些神符都是保佑全家安全的。在农村，神庙也是同样安全的地方，因为有慈悲的天神在那儿镇守。母亲们也喜欢让她的孩子去那里玩耍，孩子们的经验使他们对神也不害怕，也没有必要使自己的行为符合神意。众神受到敬拜，在日本，神不是冷峻的权威者。

在孩子小学三年级以后，就要对他们进行某些成人训练了。在此之前，孩子一直学习身体控制，如果他太调皮，就会针对他的淘气进行校正，分散他们的注意力。他会受到和蔼的训诫，有时也会受到嘲笑。但他仍然可以由着自己的性子行事，较放肆地对待母亲，他的以自我为中心的意识也得以增长。刚开始上学时没有多大的变化。最初三年是男女同校，无论是男女教师对孩子都很喜爱，是孩子们当中的一员。但是学校和家庭一再强调要避免"丢脸"的情况发生。孩子们还太小，不知道什么是"羞耻"，但必须教他们学习如何避免"丢脸"的事情发生。例如：本来没有狼，但男孩却喊"狼来了，狼来了！"来"愚弄别人，如果你们也这样做，人们就不会相信你，这是很丢脸的事，必须力图避免。"许多日本人说当他们犯错误时，第一个嘲笑他们的人是同学，而不是老师或父母。的确，在这段时间，长者所要做的不是嘲笑自己的孩子，而是逐渐使受人嘲笑的事实和"对社会的情理"所要求的道德教育结合起来。孩子六岁左右时，给他们讲一系列以忠义为主题的故事逐渐约束他们的有些不当行为。长辈会对孩子说："你这样或那样做的话，世人会耻笑你。"规范因时因事而异，其中大多数规范与我们所说的礼节相关。这种规范要求个人意志服从于对国家、家庭、邻人无限增长的义务。孩子必须学习自我控制，必须知道自己的"债"。于是，他逐渐处于欠恩负债的潜意识中，如果他打算还清人情债，就必须谨慎处世。

这种理念的变化是把对幼儿期的嘲弄以新的形式传导给正在成长的男孩心中的过程。八九岁时，孩子受到如果老师报告说他不听话或不讲礼数，并且他的操行分数很低的话，那么他的家人就会不理睬他。假如商店老板指责他行为不轨，那么"家庭名誉就会受损"，全家人都会批评指责他。我认识两个日本人，在他们还不到十岁的时候，都曾两次被父亲逐出家门，他们也羞于去找亲戚。他们在学校已经受到了老师的惩罚，此时，他们两人都只好呆在外面的窝棚里，后来被母亲发现，才让他们回家。小学的高年级孩子有时被关在家里闭门思过，这期间必须认真写日记。总之，日本人会把家里人的男孩看作是他们在社会上的代表。他招致非议，全家都会脸上无光。他违背了"对社会的情理"，就别指望得到家人的支持，也不能期望得到同龄人的支持。他的同学会因他的错误疏远他，为此，他必须经过道歉和发誓，才能求得原谅和接纳。

就像杰弗里·格雷尔所论述的那样："日本人对孩子犯错的排斥程度，从社会学角度看，非常值得深入研究。在由大家族或其他小集团发挥作用的社会中，当集团成员受到其他集团的谴责或攻击时，集团一般会袒护它的成员。只要他继续得到本集团的承认，在需要时或遭到攻击时，也会得到本集团的充分帮助，从而能够与本集团之外的人对抗。但在日本，却不是这样。一个人只有得到其他集团承认，才能确信会得到本集团的支持，如果局外人反对或加以非难，本集团也会抛弃并惩罚他，除非他能使其他集团撤销这一非难。由于这种机制，让日本人认识到首先获得'外部世界'的赞同是多么的重要"。

在这一年龄段之前，女孩的教育和男孩还没有本质区别，但却有细节之差。在家中，女孩比男孩受到更多的约束，她承担着更多的责任，虽然有时男孩也照看婴儿。但在接受礼品和关怀时女孩总是得的较少。而且她们也不能像男孩那样发脾气。但是就一个亚洲女孩而言，她们也有着极大的自由，比如：她们可以穿着鲜艳的红衣服，在街上与男孩一起玩耍，还会同男孩吵架而且还经常达到目的。在幼儿时期她也"不懂得羞耻"。六岁到九岁之间，她们与男孩的经历和体验相似，逐渐懂得了对社会的责任。九岁以后，学校的男女生就要分班，男孩子们极为重视新建立起的男孩之间的关系，他们排斥女孩子，不愿意别人看到自己和女孩子说话。母亲也告诉女孩不与男孩来往。据说这个年龄段的女孩会变得沉闷孤僻，很难调教。日本妇女说这是"童欢"的结束。女孩的幼年期因遭到男孩的排斥而结束，在此以后的许多年里，"加倍自重"也是加倍修行的人生道路。这一教导在她们订婚和出嫁以后会一直持续下去。

男孩在懂得"自重"和"对社会的情理"之后，还不能说他已经懂得日本男子的全部义务。日本人说："男孩从十岁开始学习'对名分的情理'。"要清楚憎恨受辱是一种德行。学会以下的规则：何时与敌人和解，何时采用间接手段洗刷污名。我认为他们并不是想让孩子在遭到侮辱时学会反击。这在小时候通过他们会对母亲的粗暴，与同龄的伙伴相互诽谤争辩的经历来看，他们再也没有必要在十岁以后再演习如何攻击对手。但是，"对名分的情理"的规范要求十几岁的少年也要服从其规定，从而把攻击方式纳入公认的模式，正如我们所见，日本人常常把这种攻击对象转向自身而不是他人，即使是学生也不例外。

六年制小学毕业后还要继续学业的男孩，要面临激烈的中学入学考试竞争，对每个考生的每个学科进行排名，这些少年也就马上要承担"对名分的情理"。对于竞争，他们并没有太多的经验，因为在小学和家庭里都是不提倡竞争的。这种突如其来的新体验，让竞争变得痛苦而残酷。为排名竞争并怀疑他人徇私情的现象非常普遍。但是，日本人在缅怀往事时谈得较多的却不是这种激烈的竞争，而是中学高年级学生欺侮低年级学生的习惯。高年级学生任意捉弄低年级学生，想尽办法欺侮他们。他们强迫低年级学生表演一些愚蠢和丢人的节目。低年级学生对此敢怒不敢言，因为他们不可能会以游戏的心态来做这些事情。一个男孩子被高年级学生逼着在他们面前做颜面尽失的四脚爬行，事后，他会咬牙切齿，计划着如何报复。由于不能当场复仇，他们更加热衷于把这种感受记在心里。报复是"对名分的情理"，他认为这是德行。他报复对方的方式有很多种，比如：他可会利用家庭势力让对方丢掉工作；或者是将剑术或柔道练到家时，在大庭广众之下羞辱对方。除非有一天双方扯平，否则他就觉得"心事未了"。这正是日本人崇尚复仇的主要原因。

那些没有升入中学的少年，在军事训练中也会有同样的体验。在和平时期，每四个青年就有一个应征入伍，而且，老兵对新兵的侮辱，远比中学里高年级生欺辱低年级生更为厉害。军官对此也疏于管理，士官只在例外情况下才会干预。日本军规的第一条是：任何向军官求助的行为都是丢脸的。士兵间自行解决争端。军官们认为这是锻炼士兵的一种有效方法，但并不参与其中。老兵把他们一年前所累积的愤恨向新兵发泄，想方设法羞辱新兵，以显示他们"训练有素"。每问起服过兵役的退伍老兵时，他们都会说在接受军队教育之后，自己就彻底变了一个"真正黩武的国家主义者"，但这种改变并不是因为接受了极权主义国家理论的教育，当然也不是因为受到忠于天皇思想的灌输，而是受老兵捉弄的结果。在日本家庭生活中按日本方式训练出来的青年人，在这种情况下很容易变得残忍。他们不能忍受屈辱，他们将其称为"抗拒"，这也会使他们自身变成虐待狂。

毫无疑问，近代日本的中学及军队中的这些情况起源于日本古老的戏笑和侮辱习俗。日本人对这类习俗的反应也并非是学校和军队创造的。显而易见，不难看出，在日本由于有"对名分的情理"的传统影响，嘲弄行为对人的折磨就比在美国更难忍受。每一个被戏弄的不久以后就会按传统和习俗对下一个人加以虐待，但这并不能阻止这种习俗的传承，这也是与古老的模式相一致的。在许多西方国家中找替罪羊泄恨的方式是常见的民间习俗，在日本却不是这样。例如：在波兰，新学徒或年轻的收割工人被无情嘲弄后，他不是向虐待者报复，而是将其发泄到下一批学徒和收割工人身上去。日本少年当然也会如此发泄愤恨，但他们最关心的还是直接报仇，被戏弄的人在找虐待他的人算账之后才"感到痛快"。

在日本的战后重建中，那些关心日本前途的领导者，对战前日本成年学校和军队中侮辱和戏弄青少年的现象给予高度重视。他们努力强调"爱校精神"和"老校友关系"，以消除高年级与低年级的对立。在军队中彻底禁止虐待新兵。虽然老兵对新兵有严格训练的权力，如同各级军官一样，坚持严格要求不算侮辱，但嘲弄、虐待则是侮辱。凡是学校与军队中年龄较大的青年让年龄较小的青年做狗状、学蝉鸣或在饭时让他们在一边倒立，都要受到惩罚。如果真的能彻底杜绝这些虐待现象，那么对日本的再教育将比否定天皇的神格以及从教科书中删除国家主义内容会更加有效。

日本的少女不必学习"对名分的情理"的规范，因而，她们没有在中等学校及军队中受辱的经历。她们生活的世界远比其兄弟平稳。自从她们懂事时起，她们所受到的教育是：无论什么事情都是男孩优先，女孩得不到关心和礼物。她们必须尊守不容许有公然表明自我主张的规则。尽管她们在婴儿期也享受过日本幼儿的特权生活。当她们是小女孩时，她们被特意用鲜红的衣服打扮起来，但这种颜色她们将在成年后将与之告别，直到六十岁后才能再穿。在家里，她们如其兄弟一样，在母亲与祖母的竞争中会受到双方的讨好。另外，弟弟或妹妹总是要姐姐跟他"最亲"。为表示最亲，孩子们要求与她同睡，而她也常常把祖母给予的恩惠分给两岁的幼儿。日本人不喜欢单独睡觉。夜里，小孩可以把床摆在自己喜欢的长者床边睡。能证明"你最喜欢我"的证据往往就是把两个人的睡床紧挨在一起。九岁或十岁以后，女孩子被男童的游戏伙伴排斥在外，但仍可以在其他方面得到补偿。她们热衷于请人梳新的发型，十四至十八岁姑娘的发型在日本是最为讲究的。达到一定年龄，她们可以穿丝绸而不是棉织衣服，家里也会千方百计地装扮她们让她们更加地迷人，通过这些方式，女孩子们也会获得到某种程度的满足。

当然，女孩也必须遵守各种各样的约束，这种义务是她们自发承担的，并不需要父母强制。父母对女孩行使特权也不是象对男孩一样通过体罚，而是通过冷静而坚定的期待，希望女儿按照要求来生活。下述事例就是一个典型：稻垣钺子从六岁时起就由一位博学的儒学家教授汉文经典。她说："在两个小时的课时当中，先生坐在那里除了手和嘴唇动以外其他部位都纹丝不动。我以同样端正安静的姿势坐在老师面前的草席上。有一次上课，不知什么原因让我轻微地晃动了一下身体，屈起的双膝角度稍有偏移。老师脸上顿时就掠过不满的惊愕神色，他轻轻地合上书本，严肃而又温和地说：'小姐，今天你的心境显然不宜学习，请回房静思吧。'我幼小的心羞愧得无地自容，却又无可奈何。我先向孔子像行礼，接着向老师鞠躬，然后毕恭毕敬地退出房间。我忐忑不安地走到父亲跟前，像往常上完课一样向父亲汇报。父亲感到惊奇，因为还不到下课时间。他随意地说：'你的功课学得这么快啊！'这句话简直就像丧钟。那时的伤痛记忆仍然隐隐作痛。"

杉本夫人在另一个地方描写她的祖母，言简意赅地说明了日本父母中最具代表性的一种态度：

"祖母严格要求每个人都按她的想法行事，既无抱怨，也无争吵，但祖母的期待像真丝一样柔软而又坚韧，使她的小家庭在她认为正确的方向上前行。"

这种"像真丝一样柔软而坚韧"的"期待"之所以如此有效，原因之一就是各种技艺和技能的训练极其有效。女孩要掌握的是习惯，而不只是规则。不管是正确用筷子，还是正确进入房间，以及成年以后必会的茶道和按摩，都要在长辈手把手的指导下反复练习，直至娴熟自如形成习惯。长辈们从不认为这些习惯孩子们"会自然而然地养成"。杉本夫人描写了十四岁订婚后如何学习伺候未来丈夫用餐的事。她与未婚夫从未谋面，丈夫在美国，而她在越后。但在母亲与祖母的要求下，"我一次又一次地亲自下厨做据哥哥说是我未来丈夫爱吃的菜。我也假想他就坐在我身旁，总是在自己之前先给他添饭加菜。这样，我学习关心未来的丈夫，使他感到愉悦。祖母和母亲总是装作我丈夫在眼前一样说话，我则如同丈夫真在房中那样注意我的衣着举止。这样，我渐渐学会了如何尊重丈夫，并尊重我自己作为其妻子的地位。"

男孩也通过实例和模仿接受细致的习惯训练，不过不像女孩那么严格。习惯一旦"学会"，就要坚持不变。然而，在青春期以后，有一个重要的生活领域要靠他自己主动去学习。其长辈不向他传授求爱的手段。家庭中禁止一切公开表示爱情的行为。孩子长到十岁之后，非亲非故的男孩与女孩之间是不能随意接触的。父母的观念是要在孩子对异性感兴趣之前为他安排好婚姻，因为男孩在与女孩的交往中感到"羞怯"是人们所期望的。在农村，常常会围绕这一话题取笑男孩子，使他们总是很"害羞"。尽管如此，男孩子们仍试图学会求爱。过去，甚至是现在，在较偏僻的日本乡村中，有时甚至是大多数女孩未婚先孕。这种婚前体验是"自由的领域"，不涉及严肃生活范畴。父母在安排婚姻时对此并不计较。但是今天，正如须惠村的一位日本人对恩布里博士所说的那样："甚至是佣人也受到足够的教育，知道保持贞洁的必要性。"那些上中学的男孩也严禁与异性交往。日本的教育和舆论都试图阻止婚前性行为。日本电影中把在年轻女子面前表现轻薄的青年看作是"坏"青年，而所谓"好"青年则是指那些在美国人看来冷酷甚至野蛮对待可爱女孩的人。对女人表示亲昵就意味着这个青年"放荡"或者是寻花问柳者。去艺伎馆是学习求爱的"最好"方式。因为"艺伎会教你，男人只需悠然观赏"。他不必担心显得笨拙，也无人认为他会与艺伎发生性关系，但并没有多少日本青年付得起上艺伎馆的钱。他们只能进咖啡馆观察男人如何跟女孩亲昵接触。但是这种观察与他们在其他领域所期望获得的训练不一样。男孩有很长时间担心自己表现的笨拙。有地位的家庭在一对年轻人结婚之时为他们提供《枕草子》和绘有许多细节的画卷。正如一位日本人所说："看书就可以学会，就像学习园艺一样。父亲并不教你如何去布置庭院，但你大了就会学会了。"他们把性行为和园艺都看作是看书就会，这很有趣，虽然日本大部分青年是通过其他方法学习性行为的。但肯定地说，他们并不是通过成年人的言传身教学会的。通过这件事也向青年男子传递一个信息：性不属于人生大事，从而无需由长辈亲自指教、严格培养。这是一个可以自行掌握并得到满足的领域，尽管他常常会担心陷入窘迫。这两个领域有不同的规则，男子结婚后仍然可以在外面寻找新欢，这样做被认为不侵犯妻子的权利，也不会威胁到婚姻的稳定。妻子则没有这样的特权，她的义务是对丈夫严守忠贞。如果她被引诱，也只能偷偷摸摸地进行。日本少女很少能完全掩盖自己的风流韵事。妇女如被认为易于激动或心绪不宁，则会被认为患有癔病。"妇女最常遇到的困境很少与社会生活有关联，而多数是性生活，很多患精神疾病的妇女多数是因为性生活不协调引起的。妇女只能靠丈夫的随意给予来满足性欲。"须惠村的村民说，女人的疾病"始于子宫"，然后蔓延至头部。丈夫如果只迷恋于其他女人，妻子就会求助于手淫来满足，从乡村到高贵之家，妇女都秘藏着传统的自慰器具。在农村，生过孩子的妇女就可以相当大胆地做一些色情动作。在当母亲以前，关于性的玩笑是禁说的，当了母亲以后，随着年龄增长，在有男性在场时，她也可放肆地开玩笑。在下流歌曲的伴奏下，她也敢扭动臀部，毫无顾忌地跳色情舞蹈助兴。"这种表演总会引起哄堂大笑"。在须惠村，士兵服役期满而退役时，村里人都到村口欢迎，这时穿着男装的女人会开起下流玩笑，佯装一副要强奸年轻姑娘的样子。

日本妇女在性问题上也有某种自由，出身越低微自由越大。她们一生在大部分时间必须遵从许多禁忌，但并不忌讳男女间事。她们以淫荡取悦男性，同样也以克制取悦男性。女人到了成熟年龄，就抛开禁忌，如果出身低微，她会像男人一样下流。日本人对妇女行为的要求因年龄和场合而有所不同，而不像西方人眼中的一成不变的"贞女"与"淫妇"的固定形象。

男人们的行为也视场合而定，有时恣情放纵，也有时节制谨慎。

喜欢与朋友一起喝酒，尤其在艺伎的陪伴下，是日本人最大的乐趣。日本男人喜欢醉酒，没有限制饮酒的规定。他们在喝上了酒以后，就会放松正襟危坐的姿态，喜欢相互倚靠，十分亲昵。即使喝醉了，除了他们之间存在"过节"的情况，也很少有寻衅闹事的。除了喝酒这种"自由领域"之外，日本人说男人决不能干出过火的事。如果一个人在其生活的重要方面做得过火，这就仅次于日本人常用的骂人话"混蛋"。

日本人的矛盾性格大多可以从日本人教养孩子的方法中得到答案。这种教养方法在他们的人生观中产生了两重性，两个方面中的任何一面都不能忽视。他们从幼儿时所享受的某些特权中保留了"不知羞耻"的印记。他们无需为未来描绘天堂，因为他们过去曾经有过天堂。他们把自己的童年理想经过改变融进了关于人性本善、关于神灵慈悲以及做一个日本人的无上光荣的理论之中。幼儿期的经验使他们易于将自己的伦理置于人人身上有"佛性"，死后都能成佛，这样的观念让他变得固执和自信。经常主动承担任何工作而不顾自己的能力是否差距很远；愿意以自己的意见与政府相抗争，并以死力谏，但有时候，这种自信也会让他变得狂妄自大。

六七岁以后，"谨言慎行"、"知耻"，这些责任和压力便逐渐加在身上，如有过失，家庭就会挤对他。这种压力虽不是普鲁士人的纪律那样严苛，但却是不可逃避的。在他们拥有自由的幼儿期，有两件事为这种发展打下了基础：一件是父母强行地训练其便溺习惯和纠正各种姿势，另一件是父母常常做出的一些戏弄，比如：装作要抛弃他。这些幼年时代所受的训练使他们有所准备，能够接受严格的约束，以免被"世人"耻笑、遗弃。他会自觉地控制自己曾经有过的冲动，并不是因为这些冲动邪恶，而是因为它们现在不合时宜。他现在已跨入严肃生活。许多童年的自由已不合时宜了，他必须开始接受成年人的生活，但幼儿期的体验绝不会彻底消失。他随时从那些体验中汲取为人处世的经验。在他那些所谓的"人情世故"和成年后的"自我领域"上，他都可以重新感受这些体验。

日本儿童时代的前期和后期，有一个十分重要的环节即获得伙伴儿的认可。被灌输在他头脑里的正是这一点，而不是德的绝对性标准。在孩提时代的早期，当他长大到能够提出请求时，母亲就让他睡到自己的床上，他会计较自己与兄弟姐妹们所得点心的多少，以此作为判断自己在母亲心中的地位，他能敏感地察觉到冷淡，甚至会问姐姐："你是不是最疼爱我？"即将结束童年时期时，会被要求放弃许多的个人满足，而受到许诺的报偿则是他将得到"世人"的认可和接纳。惩罚则是遭"世人"的讥笑。这是儿童教育中所施加的必要压力。但在日本，这种压力则特别沉重。被"世人"抛弃，这在孩子们看来就是母亲戏弄说要丢掉他。因此，在他的整个一生中，他惧怕被伙伴抛弃甚至惧怕暴力。他对戏弄要抛弃的恐惧极为敏感，甚至只是想想也感害怕。因此在日本社会中几乎没有隐私，"世人"实际上知晓一个人所做的每一件事，如果"世人"不赞成的话，就能够抛弃他，这绝不是主观想象。一般的情况是：日本人的房屋结构是由薄薄的板壁分开，既不隔音，多数时间又是开着的。因此，没有能力修筑围墙和庭院的人家的私生活更是让人一览无遗。

日本人使用某种象征物，来区分儿童教养的非连续性的两个侧面。在早期形成的侧面是"不知耻的自我"。他们说，镜子"反映永恒的纯洁"，既不会培养虚荣心，也不会反映出"妨碍的自我"，它反映出灵魂的深处，人们会从中看到自己"不知耻的自我"。人在镜子中看到作为心灵之"门"的眼睛，这有助于他作为"不知耻的自我"

而生活。他在这里看到自己理想的形象。常听说有些人为了这一目的而随身总是带着一面镜子，甚至听说有人在家中神龛里置一面特殊的镜子以静观自身，反省自己的灵魂，他"自祭"、"自拜"。这虽然很特别，但很容易做到，因为所有家庭的神龛上都放有镜子作为神器。在战争期间，日本广播电台曾特意播放一首赞扬一个班级的女学生随身携一面小镜子的举动。这里丝毫没有照镜子是虚荣的意思，而说这是她们心灵深处重新焕发的、为沉毅的目标而献身的精神。对镜自照是一种对高尚精神的检测。

日本人对镜子的感情在"观我"教育之前。他们照镜时并不是为了"观我"。镜子里反映的"我"恰如他们童年的样子，自然是善良的，无需用"耻"来开导。他们赋予镜子的同一象征意义还形成了这样一种观念的基础，即为达到"练达"而进行自我修养的基础，他们坚持不懈地修养自己，以消除"观我"，恢复幼年那种思想与行动的一致。

尽管日本幼儿期所拥有的特权生活对日本人产生了重大影响，童年的特权又带有种种限制，但人们不认为这种限制剥夺了人们的特权。正如前面所述，自我牺牲是日本人经常攻击的基督教的观念之一，否认他们所谓牺牲自己的观念。即使是在那些极端的情况下，日本人也认为这是"自觉自愿"为"尽忠"、"尽孝"或为"情理"而死，不属于自我牺牲的范畴。他们说，这是你为达到自己期望的目标做出的必要付出，否则就会"死得像狗一样"，轻于鸿毛，并不像在英语中那样意味着死得很惨烈。在英语中被称之为自我牺牲的，在日语中则属于自尊范畴。自尊常常意味着克制，而克制与自尊具有同等的价值。善于克制的人才能成大事。美国人强调自由是实现目的的前提，而日本人却根据自己不同的经验认为这是不够的。他们接受这种观念，即通过自制可使自我更有价值，并将此作为其道德律的一个主要信条。否则，他们怎能控制危险的自我？这个自我充满了冲动并扰乱正当的生活使其更加混乱？正如一个日本人所说：

经过不断地加工，漆坯上的漆层越涂越厚，制成的漆器也越值钱。对民族来说也同样如此……有句形容俄罗斯人的话说："剥开俄国人，现出的是鞑靼人。"人们可以同样正确地说日本人："剥开日本人，刮掉漆层，现出的是海盗。"然而，不应忽略，漆在日本是一种珍贵的产品，是制作工艺品的辅助材料。它不是掩盖瑕疵的涂料，没有丝毫杂质，它与坯底具有同样的价值。

西方人非常清楚日本男性性格中的种种矛盾之处都是由于他们的教育当中出现的非连贯性造成的，甚至在他们经历了全部"涂漆"过程以后，他们对当时的生活仍然记忆深刻，那时他们生活的自由自在，他们可以纵情恣意，甚至是发泄自己的攻击性。好像一切欲望都能得到满足。由于这种根深蒂固的双重性，使他们成年后即可以沉溺于浪漫恋爱，又可以突然转到对家庭的绝对服从。不管他们在履行极端义务方面走得多么远，他们都能够沉湎于享乐和安逸。慎重处世的教育往往会造成他们的行动怯懦，但他们实际上勇敢得近乎鲁莽。他们在等级制下可以表现得极为驯服，但有时他们也极难控制。他们尽管彬彬有礼，但有时也会表现得傲慢不驯。在军队里，他们可以接受狂热的训练，又时常违反命令。他们是激情澎湃的保守主义者，但又很容易接受新的事物，他们曾经学习中国习俗，继而又汲取西方学说，这一切都可以证明日本人具有明显的双向人格。

日本人性格的双重性时常使日本人生活紧张。对这种种紧张，日本人的反应并不一样。虽然每个人都要对同一个基本问题作出自己的决定，即如何把儿时那种纵情无虑的自发性以及对此予以宽容的幼年期经历同后来生活中那种动辄关系到自身安危的种种约束协调起来。许多人为此感到困惑。一些人把生活安排得像学者一样，惧怕行为与性情发生冲突。因为自发性并非想象出来的东西，而是他们曾经体验过的东西，所以这种恐惧就更加严重。他们保持一种超然的态度，坚守自己所制定的规则，将自己等同于能可以发号施令的权威。有些人则陷入人格分裂。他们害怕自己心中郁积的反抗情绪，而以表面的温顺加以掩饰。他们常常潜心去做一些小事情，以免意识到自己的真实情感。他们每天只重复着那些基本上毫无意义的生活常规。另外一些人由于时常想起儿时生活，长大成人后面临社会对他们的一切要求，感到严重焦虑，在不宜依赖别人的年龄仍试图更加依赖。他们感到失败都是对权威的冒犯，因此任何斗争都会使他们陷入巨大的焦虑之中。不能依据成规处理的、预料不到的情况会使他们感到恐惧。

以上的担心就是日本人所面临的特殊心境。如果不是感到过度压力，他们在生活中会表现出既享受生活乐趣，又显示出在孩提时代就培养起来的不得罪他人的谨慎之心，这是十分了不起的事。他们小时的经历让他们养成了坚持己见的性格，它并没有形成沉重负担。后来所受的各种束缚是为了与伙伴儿保持一致，义务也是相互的。尽管在某些事情上，个人愿望会受到他人的干涉，但在一些规定的"自由领域"中，可在其中依从内心冲动而随意生活。日本是以善于从自然的事物中享乐而闻名的民族，樱、月、赏菊、雪，甚至是鸟虫等景物都是他们从中获得享乐的对象，吟和歌、俳句、修饰庭院、插花、品茶等，这些绝不像一个深怀烦恼和侵略心理的民族所应有的活动。他们在追逐享乐时却不消沉颓废。在日本执行灾难性使命之前的那些幸福日子里，日本农村里的人同现代的所有民族一样在欢乐愉快地消遣时光，他们的勤劳程度也绝不逊色于现代任何民族。

但是，日本人自我要求很严。为了避免遭受世人的非议和疏远，他们很注意节制自己刚刚获得的享受和乐趣。在人生重大问题上，他们必须这样做。那些不注意这些修养的人都会有丧失自尊的危险。自尊的人，其生活准则不是明辨"善""恶"，而是迎合世人的"要求"，避免让世人"失望"。这样的人才是"知耻"的优秀人物。这些人才是为家、为村、为国增光的人。这样产生的紧张感非常强烈，表现为使日本成为东方领袖和世界一大强国的雄心壮志，但这些压力对个人是一种重负。人们必须警惕戒备，唯恐失效，或唯恐在以巨大的克制为代价的行动过程中有人小看他们的行为，有时人们会爆发出最激烈的攻击性行动。这种被激起的攻击性的原因，并不像美国人那样是在自己的自由受到挑战时发生的，而是在他们觉察到本身受到了侮辱和诽谤。这时，他们危险的自我被激怒了，他们或者进攻诽谤者，或者对自己发泄。

日本人为其生活方式付出了高昂的代价。他们自愿放弃自己简单的自由，这在美国人看来，就像依靠所呼吸的空气一样。我们应该注意到，日本人在战败以来一直都在追求民主。如果一旦他们能无拘无束，随心所欲的生活，他们会高兴成什么样！杉本夫人曾很精美地描写了她从东京的教会学校里得到的一块可以随意种植植物的花园时的喜悦心情。"老师分给每个学生一块荒地和所需要的种子：这块可以随意种植的园地赋予了我一种关于个人权利的全新感觉……我非常惊讶人的心中能有这种幸福感……我可以随意行动却不会违背传统，不会玷污家名，不会令父母、老师或乡亲们感到不快，也不会损害其他任何人的利益及事物。"

其他学生都种花，但杉本夫人却计划种马铃薯。

"谁也不理解这种近乎荒谬的打算给予我的感觉，自由来敲我的门了。"

这是一个全新的世界。

"在我家庭园中有一块看上去像是块荒地的地方，但实际上生长在那里的松树和篱墙是有人修剪的。每天早晨，老仆人都会扫净甬道，并在清扫过的松树底下撒下从林中采来的嫩绿的松针。

对他来说，这种仿造的野外就是那种他被教养的、伪装的自由的象征。整个日本都充满着这种伪装。日本庭院中每一块半埋在土中的巨石都是经过精心挑选，从别处运来的，并以小石块铺底。巨石的布置要与流泉、屋宇、矮丛、树木相衬。同样，菊花也是盆栽，准备参加每年到处都要举办的菊展。每朵花瓣均经过栽培者的细心修整，不是内行是轻易发现不了支撑的金属丝的。"

当杉本夫人在得到机会拆掉这些金属丝时，让它们完全趋于自然时，心情是快乐而又纯真的。原来被栽在小盆中并被一瓣一瓣地精心摆弄过的菊花，在返璞归真的过程中具有了真正的意义。但在今天，在日本人中，不考虑他人的期望，也对"耻"的约束力表示怀疑，这可能会破坏生活的平衡。在新的局面下，他们必须学习新的平衡手段。变化是要花费代价的。建立新观念和新道德并不容易。西方人并不指望日本人会立即采用新道德，并真正变成自己的理念，也不能设想日本人不能制定更加自由和宽容的伦理。在美国的第二代日本侨民已将日本道德规范遗忘殆尽，他们的意念中也丝毫不存在要墨守其父母的国籍日本习惯的东西。同样，生活在日本国的日本人，也有可能在新时代里建立起一种不要求过去那样自制义务的生活方式。菊花摆脱了金属丝，它的自然风采照样鲜艳美丽。

在崇尚精神自由的这段过渡时期，日本人或许可以借助古老的传统而保持平稳。日本人喜欢把自己比做一把刀，"自我负责"的精神就是自己负责擦去"自己身上的锈"，正如佩刀者有责任保护刀的光亮一样，每个人必须对其行动的后果负责。人必须承认并接受自己的弱点、因缺乏韧性和无能所造成的必然后果。在日本，对自我负责的解释远比自由的美国更加严格。在这种意义上，刀不是进攻的象征，而是理想和勇于自我负责的比喻。在一个尊重个人自由的社会，这种美德将起着最有效的平衡作用。而且，日本的儿童教育和行为哲学已使自我负责的德性深入人心，成为日本精神的一部分。今天，在西方人看来，日本人是已经"放下刀"了；但在日本人看来，他们仍将继续努力关注如何才能使心中那把易被锈蚀的刀保持光亮。用他们的道德语言来讲，刀是一个能使他们在一个更加自由、更加和平的世界里维持其价值的象征。

第十三章　战败后的日本人

美国人有充分的理由可以为他们在日本投降后所进行的卓有成效的管理而感到自豪。美国的对日政策是 1945 年 8 月 29 日通过电台发布的国务院、陆军部、海军部的联合指令，并由麦克阿瑟元帅主持付诸实施。但是，引以自豪的理由却被美国报刊、电台中的党派间倾向不一的评价搞得让一般人已分辩不出什么才是真正让美国引以为自豪的理由，只有很少熟悉日本文化的人才能确定美国当前对日政策的恰当与否。

美国在日本投降时面临的一个重大问题是确定占领的性质问题。战胜国是应该利用现存政府，甚至包括天皇，还是应该把它废弃？是否由美国的军政官员直接去管理日本的每个县市？对意大利和德国的占领方式是在每个地区设立 A．M．G．总部，作为战斗部队的一部分，把地方行政权掌握在盟军行政官员手中。战胜日本时，太平洋区域的 A．M．G．官员仍然预计日本也将建立这种统治体制。日本人也不知道他们还能保留多少行政方面的职责。波茨坦公告上只是说："日本领土上经盟国指定的地区必须占领，以确保盟军基本战略目标的实现"，以及必须永久排除"欺骗和误导了日本人民进入一场侵略战争中的权威和影响"。

国务院、陆军部、海军部向麦克阿瑟将军发出的指令，对上述各节作出了重大决定，并获得麦克阿瑟将军司令部的全面支持。美国希望日本负责本国的行政管理和重建工作。最高司令官将通过日本国政府的机构及包括天皇在内的诸机关行使其权力。以实现美国更多的目标。日本国政府将在麦克阿瑟的指令下，行使政府的正常职能。因此，麦克阿瑟的对日管理与盟军对德或对意的管理有相当大的区别，它纯粹是一个总部组织，自上而下地利用日本各级官僚机构。它直接和日本帝国政府对话，而不是日本国民，或某些县市的居民对话。它的任务是规定日本国政府的工作目标。如果某位日本内阁大臣认为不可能实施，则可提出辞职，但如果他的建议正确，也可以修改指令。

这种管理方式是一种大胆的尝试。但从美国的角度来看，这一政策的好处十分明显。正如当时希德林将军所说："利用日本国政府这种占领方式所取得的优势是巨大的。如果不能利用好日本政府，我们势必要有直接去驱动和管理一个七千万人口国家所必需的全部机构。还要克服语言、习惯、态度等许多障碍。通过净化并利用日本国政府，我们节省了时间、人力和物力。换句话说，我们是在请日本人在他们自己的房间做打扫工作，而我们只是提供具体指导。"

当这一举措在华盛顿制定的时候，许多美国人仍在担心日本人也许会采取倨傲和敌对态度，一个怒目而视、报复心极强的民族将消极抵制一切和平计划。后来证明这些担忧是多余的。其原因主要在于日本的特殊文化，而在有关战败民族和战败国的政治、经济等常识方面去理解是没有答案的。也许没有一个民族能够像日本这样顺利地接受这种现实的。在日本人看来，这种政策是从严酷的战败现实中排除屈辱的象征，促使他们实行新的国策，而他们能够如此接受，恰在于特异文化所形成的特异性格。

在美国，曾不断争论实现和平应该是采取软手段还是硬手段，但真正的问题并不在软和硬的问题，而在于能否有效地摧毁传统的、危险的侵略性模式，建立起新的目标。至于选择什么样的手段则应根据该国国民的性格和传统的社会秩序而定。普鲁士的权威主义不仅在家庭生活中，而且在市民日常生活中根深蒂固，这就需要对德国制定与之相对应的讲和条件。明智的讲和条款不应是照搬。德国人同日本人不一样，他们不认为自己对社会和历史欠恩，他们努力奋斗，不是为了偿还无穷的债务或恩，而是避免成为牺牲品。父亲是一个权威人物，如同其他占据高位的人一样，按德国人的说法，是"强迫别人尊敬他"，得不到尊敬就不舒服。在德国人的生活中，凡是儿子在青年时期都反对权威的父亲，然而他们长大成人时都投降了，继续过与父母一样的单调无味、没有激情的生活，他们一生之中的最高峰是青年的叛逆年代。

日本文化中的问题并不是极端的权威主义。在所有西方观察者的眼里，日本的父亲对孩子充满关怀和钟爱，这一点西方似乎很难见到。日本的孩子认为与父亲有某种真正的亲爱乃是当然的，而且公开表示为自己的父亲感到骄傲，因此，父亲只要声调稍有一点改变，孩子马上会领会父亲的意图。但是，父亲绝不是幼儿的严师，青年时期也绝不是反抗父母权力的时期。相反，孩子进入青年时期就成为一个在家庭负责任而孝顺的代表。日本人说，他们尊重父亲是"为了练习"，"为了训练"，也就是说，父亲作为尊敬的对象，同时也是自己生活中正确处世待人的模范。

儿童早期向父亲学到的这种态度成为整个日本社会的一种模式。

最有地位最受人尊敬的并不一定握有实权。在等级制中居于首脑地位的官员并不行使实权。上自天皇下至底层的权力都掌握在顾问和隐蔽势力的手里。黑龙会式的超国粹团体的一位领袖在 20 世纪 30 年代初期对东京一家英文报纸记者的谈话，最真实地表明了这一现象。他说："社会是一个被明显放在桌面上的一个三角，它的一角被一个看不见的大头针固定住。三角形有时往右偏，有时往左偏，但都是围绕着一个看不见的大头针在摆动。借用西方人常用的一句话就是，凡事都要用"镜子"来反映。争取到专制但又不露锋芒，一切行动都显示对象征性地位的忠诚的姿态，这个象征性地位则经常不行使实权。日本人一旦发现那被剥掉假面具的权力的真实面目时，他们就认为它是剥削，与他们的制度不相符，这种看法如同他们看高利贷者和暴发户一样。

正由于日本人这样观察他们的社会，因此，他们相信，不革命也一样能反抗剥削和不义之行。他们并不打算破坏他们的社会体系。他们可以像明治时代那样实现最彻底的变革，而毫不批判其制度本身。他们把这种变革称之为"复古"，即回到过去。他们不是革命者。在西方的著作中，有的寄希望于日本在意识形态方面掀起群众运动，有的则夸大日本的地下势力并指望他们来掌握领导权，还有的预言激进政策将在战后的选举中获胜，但他们都错误地估计了形势。保守派的代表币原男爵 1945 年 10 月组阁时发表的演说中，一语中地道出了日本人的心声。

新的日本政府将继续发扬民主传统尊重全体国民意愿的民主主义形态……我国自古以来，天皇就把国民作为自己的意志。这就是明治天皇宪法的精神。而我所说的民主政府能够真正体现这种精神。

在美国读者看来，对民主做如此解释简直毫无意义。但是，毫无疑问，日本政府打算在与西方意识形态不相同的上述基础上来扩大国民的自由范围，增进国民的福利。

当然，日本也愿意尝试一些西方民主政治体制。但是，西方的制度，正像在美国那样，并不能成世界通行的道路。普选和由选举产生的立法机关虽能解决许多问题，但同时也会产生许多问题。当这些问题持续下去时，日本人就会修改我们所赖以获得民主的方式。那时，一些美国人会认为这场战争是徒劳的。我们相信我们的办法是最好的。但是，就其最积极的作用讲，普选在日本重建和平国家的过程中至多只能占次要地位。自19世纪90年代日本第一次试行选举以来，日本并没有发生根本性变化。一些像小泉八云当时所记述的那些传统问题今后还会重现。

在付出了许多生命的激烈选举战中，并没有真正个人仇恨的因素。议会中的激烈论战，以至于出现的暴力行为，使外人深感震惊，但它很少属于个人之间的对抗。政争并非真是个人与个人之间的斗争，而是藩阀之间、党派之间利害的斗争。而且，每一个藩阀或党派的热诚追随者对新的政治只理解为新的战争——一种忠于领袖的斗争。

在较近的20世纪20年代的选举中，村民投票之前往往会说："我已经洗好了脖子，做好了砍头的准备。"这句话把选举战比做过去有特权的武士对平民的攻击。直至今日，日本选举所包含的意义与美国仍然不同，不论日本是否推行危险的侵略政策，情况都是如此。

日本赖以重新建设一个和平国家的真正力量在于他们敢于承认他们过去的行动方针是错误的，从而把精力转向另一方面。日本有一种善变的方针。他们曾试图通过战争赢得它在世界上的"适当地位"，结果失败了。于是，他们能果断地抛弃这种方针。因为他们以往所接受的训练使他们能够改变方向。怀抱绝对性认识观的民族总是相信自己是在为原则而战，他们在向胜利者投降时会说："我们失败了，正义也就不存在了。"他们的自尊心要求继续努力使以找到新的"正义"。或者，他们承认自己犯了罪，进行忏悔。日本人则不是这样。投降后的第五天，当时美军尚无一兵一卒登陆，东京的一家大报《每日新闻》即已著文评论战败及其所带来的政治变化。它说："然而，这对日本走向新途是大有好处的。"这篇社论强调说，每个人时刻都要提醒自己日本彻底地失败了。既然企图单凭武力来提高日本地位的努力已彻底失败，今后就必须走和平的道路。另一家东京大报《朝日新闻》也在同一星期发表文章，认为日本近年来"过分相信军事力量"是日本国内外政策中的"重大错误"，说"过去的态度使我们几乎一无所获而损失惨重，我们应当采取一种根植于国际合作和爱好和平的新态度"。

西方人认为这种转变是原则性的转变，并进而怀疑日本是否真的发生了这种变化。但这却是日本人性格中不可分割的一部分，无论是在人际关系上还是在国际关系上，如果日本人未能达到其目标时，便认为是犯了"错误"。如果失败，他们就会果断地抛弃过去的方针或政策，因为，他们没有固守失败方针的习惯。日本人常说："咬自己肚脐也没用"，20世纪30年代，他们普遍认为军国主义是争取全世界尊敬的手段，国民教育说这种崇拜是建立在武力基础上的。他们忍受了这一纲领所要求的一切牺牲。1945年8月14日，日本天皇宣布日本已经失败。他们接受了这一事实所暗含的所有内容。这意味着日本要被盟军占领，于是他们欢迎美军；这意味着他们侵略企图的失败，于是他们主动考虑在宪法中将战争定义为非法。日本投降后的第十天，《读卖新闻》以《新艺术与新文化的起步》为题发表社论，其中写道："我们必须从内心深处确信，军事的失败与一个民族的文化的美德的沦丧是两回事，应当把军事失败作为一种动力。……因为，只有这种全民族的失败，才能使日本国民真正地关心这个世界，客观而如实地观察事物。过去一切歪曲日本人思想的非理性因素都应通过坦率的分析而予以消除。……我们需要拿出勇气来正视战败这一冷酷的现实。但我们必须坚定对日本文化的前途。"这就是说，他们曾试行的一种行动方针失败了，现在，他们将试行一种新的和平的处世艺术。日本各家报纸的社论都反复强调："日本必须在世界各国中得到尊重。"日本国民的义务就是要在一个新的基础上赢得别人的尊重。

这些报纸的社论不仅仅是一些知识分子的声音。东京街头及僻远寒村的一般民众也同样在大转变。美国占领军简直不相信如此友好的国民就是不久前还在发誓要用竹枪死战到底的人。日本人的伦理中包含的许多东西是美国人所不接受的，但是，美国占领日本期间的现实无可辩驳地证明，异质的伦理也包含有许多值得赞扬的方面。

以麦克阿瑟将军为首的美国对日管理机构已经看到了日本人有重新起航的能力。它没有采用令人屈辱的手段来阻碍这一进程。按照西方的伦理，把屈辱手段强加给日本，在文化上也许是可以接受的。因为根据西方的伦理信条，侮辱和刑罚是使做过坏事的人认识其罪孽的有效的手段。这种自我认罪是改过自新的第一步。如前所述，日本人对此则看法不同。按照他们的伦理，一个人必须对自己行为的一切后果负责，过错所产生的自然后果会使他确认不再这样去做。这些自然后果也可能是一场战争的全面失败。但是，日本人对这种情况并不当作是屈辱而去憎恶。按照日本人的观念，某人或某国对他人或他国进行侮辱，就采用诽谤、嘲笑、鄙视、侮蔑以及揭露其不名誉等手段。日本人认为如果受到侮辱，那么复仇就是一种道德。尽管西方的伦理强烈谴责日本这种信条，然而美国占领的如此顺利却正是取决于在这一点上的自制。因为，日本人非常憎恶嘲笑，认为这与投降而带来的必然后果，包括解除军备、负担苛刻的赔偿义务等是截然不同的。

日本曾与一个强国交战，最终迫使对方投降，但当日本认为对方并未嘲笑过日本时，日本作为战胜者，在处理接下来的问题时，就曾谨慎地避免侮辱到对手。1905年俄军在旅顺口投降时，有一张日本妇孺皆知的照片。照片上，战胜者和战败者的区别只是军服不同，因为俄国军人并没有被解除武器，依然佩带着军刀。据日本人流传的有关故事中记述，当俄军司令官斯提塞尔将军表示同意日方提出的投降条件时，一位日本大尉和一名翻译带着食品来到俄军司令部。当时，"除了斯提塞尔将军的坐骑以外，所有军马已全被宰杀吃掉。因此，日本人带来的50只鸡和100个生鸡蛋受到了由衷的欢迎"。次日，斯提塞尔将军和乃木将军如约会见。"两位将军握手，斯提塞尔将军赞扬日本军队的英勇……乃木将军则称颂俄军长期的英勇防御。斯提塞尔将军对乃木将军在这次战争中失去两个儿子深表同情。……之后，斯提塞尔将军把自己心爱的阿拉伯种白马做为礼物送给了乃木将军。但乃木将军说，虽然自己非常想从将军手中得到这匹马，却必须首先献给天皇陛下。他还承诺说，若是天皇能把这匹马赐给他。他一定要像爱护自己的爱马那样加倍爱护它。"据说回国后，天皇真的把马赐给了乃木，乃木将军为斯提塞尔将军的爱马在住宅前院建了一所马厩。据描述，它比乃木将军自己的住房还要讲究，将军死后，成为乃木神社的一部分。

有人说，日本人自接受俄国投降后性格变得凶残了许多，比如，他们占领菲律宾期间肆意破坏和残暴是世界周知的。不过，对于像日本这样极易随着情况而改变道德标准的民族而言，上述结论并不是必然的。首先，在巴丹岛，敌人并没有投降，只是局部地区投降。后来，菲律宾的日军虽然投降，但日本仍在战斗。第二，日本人从未认为俄国人在本世纪初曾经"侮辱"过他们。与此相反，20世纪的二三十年代，所有日本人几乎都认为美国的政策是"蔑视日本"，或者用他们的话说是"根本瞧不起日本"。他们对排日的移民法、对美国在朴茨茅斯和约及第二次裁军条约中扮演的角色就是这样看的。美国在远东经济中影响的扩大以及我们对世界上有色人种的种族歧视态度也促使日本人采取了同样的反应。因此，日本对俄罗斯军人和在菲律宾的美国军人的态度，显示了日本人性格中的明显对立的两面性：受过侮辱时是一面，否则是另一面。

美国取得最后胜利再次改变了日本人所处的环境。如同日本人生活中的通常情况一样，最终失败使他们放弃了此前所采取的方针。日本人这种独特的伦理观，使他们能够自行洗刷干净曾经留下的罪恶。美国的政策和麦克阿瑟将军的对日管理避免了让日本留下新的需要清洗的屈辱。他们只坚持那些在日本人看来仅属于接受战败"当然结果"的事情，这种做法显然奏了效。

保留天皇也起了很大作用。这件事处理得很好。天皇先拜访麦克阿瑟将军，而不是麦克阿瑟将军先拜访天皇，这件事给日本人上了一次生动的课，其意义是西方人难以估计的。据说，在建议天皇否认他的神性时，天皇曾提出异议，说让他抛弃他本来就没有的东西，感到很为难。他真诚地说，日本人并未从西方的角度把他看做是神；但是麦克阿瑟司令部劝他说，按西方观点，天皇仍坚持自己的神性将影响日本的国际声誉。于是天皇强忍这种为难。同意发表否认神性的声明。天皇在元旦发表了声明，并要求把世界各国对此事的评论全部译给他看。读了这些论评后，天皇致函麦克阿瑟司令部表示满意。外国人在此以前显然不理解，天皇对发表声明一事感到高兴。

美国的政策让日本人得到了某种满足。国务院、陆军部、海军部三部联合指令上有很特别的一条："对于在民主基础上组织起来的劳动、工业、农业诸团体，应鼓励其发展并提供便利。"日本工人在许多产业中被组织起来。20 世纪 20 年代及 30 年代积极活动的农民联合体也重新开始活动。对许多日本人来说，他们能够主动地努力改善自己的生活环境，这就是日本在这次战争后果中有所收获的证明。东京曾发生一次罢工是为了争取军用品，当时一个罢工者喜气洋洋地对一个美国记者说："日本'胜利'了！是吗？"今天日本的罢工与战前日本的农民起义很相似，那时农民请愿常因年贡、赋役过重，妨碍正常生产。它们不是西方意义上的阶级斗争，不是企图变革制度本身。今天，日本各地的罢工也没有影响生产。对工人们来说，最喜欢采取的办法是占领工厂，继续工作，增加生产，使经营者丢脸。在三井系统一家煤矿中，'罢工'的工人把管理人员全部赶出矿井，把日产量从 250 吨提高到 620 吨。足尾铜矿的工人在'罢工'中也增加了生产，并把工资提高了两倍"。

当然，不论管理政策如何具有好的出发点，对战败国的行政管理总是困难的。在日本，粮食、住宅、国民再教育等问题表现的都很突出。假如不利用日本政府的官员，问题势必更加地尖锐。其中之一是军人复员的问题，由于保留了日本官员，这个问题的威胁显然减轻了，但也并不容易解决。日本人深知这种困难。在秋天里，日本报纸以同情的语气讲到，对于那些历尽艰辛而战败的日本士兵，战败的痛苦的确难以接受。报纸请求他们不要因此而妨碍了自己的"判断"。一般地说，复员军人表现了符合期待的"判断"，但失业和战败也使其中一些人投身于秘密社会。他们动辄对他们现在的地位感到愤慨。日本人已不再赋予他们昔日那种特权地位。以前，伤残军人身穿白色衣服，走到街上行人遇见时都要行礼。入伍时村里要开欢送会，退伍要开欢迎会，款以美酒佳肴，伴以美女歌舞，军人坐在首席。如今复员军人已得不到那种待遇了。只有家里人安置他们。在许多城市和村镇，他们受到冷遇。亲历这种骤然变化可以想象对日本军人来说是多么苦痛，现在，这些军人喜欢与旧日同伙相聚，缅怀过去那种日本名誉寄托给军人的时代。而且，他的战友中可能有人告诉他，有些幸运的日本军人已经在爪哇、中国等地与盟军作战。他们会说：为什么要绝望？他将再次拿起枪战斗！至于那些的秘密团体的存在，他们多以"洗刷日本的污名为目的"，那些因复仇宿愿未了，而感到"世界不平衡"的人极可能参加这种秘密团体。这类团体如黑龙会、玄洋社这些秘密社会，他们所支持的暴力是日本伦理所承认的暴力，即"对名分的情理"。为了消除这种暴力，今后若干年内，日本政府还必须继续以往的努力，即强调"义务"，而贬抑对名分的情理。

因此，这些要求对日本人呼吁不能仅限于对战败做出正确"判断"，还必须重建日本的经济，使目前二三十岁的人有出路，能"各得其所"。必须改善农民的状况。每当经济不景气，日本人就会重返故里。但很多地方人多地少，还债务沉重，很难养活众多的人口。大多数人坚决反对平分遗产，只有长子能够继承遗产，其他幼子只能到城市去寻找机会。所以必须开始发展工业了。

日本人今后道路无疑是困难和漫长的。但是，如果国家预算不再包括军备的费用，他们就有机会提高国民的生活水平。珍珠港事件前大约十年间，日本年收入的一半花在军备及维持军队上。如果停止这类支出并逐步减轻取自农民的租税，日本是有可建立健全经济基础的。如前所述，日本农产品的分配制度是60％归农民，其余40％用于支付租税及佃租。这与同是种稻国的缅甸、泰国相比情况大不相同，那些国家传统的分配方式是90％给农民。日本农民所交纳的巨额税金却是做军备支出。

今后十年期间，欧洲或亚洲任何不扩充军备的国家，肯定比搞军备的国家具有潜在的优势，因为这类国家可以把财富用来建设健全繁荣的经济。在美国，我们在推行亚洲政策及欧洲政策时几乎没考虑这种情况。因为，我国不会因国防计划的巨大费用而陷入贫困，因为我们没有蒙受战争灾祸。也不是以农为主的国家，我们的重大问题是工业生产过剩。我们的大量生产和机械设备已如此完善，若不从事大规模军备、奢侈品生产、福利事业及研究设施，我们的人就将失业。资本也急迫地需要有利的投资机会。其他国家情况则完全不同，即便西欧也很不同。德国尽管要负担巨大的赔偿，但因不能重新武装，在今后十年左右，如果法国推行扩充军备政策，那么德国就有可能建设起法国所不能做到的健全而繁荣的经济基础。日本也将利用同样的优势超过中国。日本的国家预算中如果不包含军事化目标，它将在不远的将来建立起繁荣的经济，并成为东方贸易中的主角。它的经济将建立在和平利益的基础上，并将提高国民的生活水平。和平的日本将在世界各国中获得有声誉的地位，如果美国能利用其势力支持这项计划，将对日本是很大的帮助。

不管是美国还是其他国家，想用命令让日本走向自由和民主，都做不到。不论在哪一个被统治国家，这种办法从未成功。任何外国都不能强迫一个具有不同习惯和观念的民族按照另一个民族习惯去生活。法律不能强迫日本人承认选举出来的人的权威，也不能使他们抛弃等级制中的"各得其所"。就算制定法律也不能使他们具有我们美国人所习惯的那种自由随便的人际交往、自我独立的强烈要求，以及自行选择配偶、职业、住宅和承担各种义务的热情。但是日本人已明确，他们的确有必要做出这些改变。日本投降后，主政者就表示，日本必须鼓励男女国民掌握自己的生活，尊重自己的良心。他们虽然没有这样说，但每个日本人心里都明白，他们已在怀疑"耻感"在日本社会中的作用，而希望人们能够获得新的自由，不必再受到"世人"的谴责和排斥。

就算日本人心甘情愿，日本的社会压力对个人要求还是太苛刻了。他们要求一个人隐蔽个人感情、抛弃个人欲望，而以家庭、团体或民族代表的身份面对社会。日本人已经显示出，他们能够经受得住事业和生活方式所要求的一切自我修炼。但是，负担实在太沉重，他们没有勇气过一种心理压力较轻的生活，结果他们接受了军国主义者的号召，在那条牺牲累累、漫无止境的道路上付出了高昂的代价，他们变得自以为是了，他们自认为武力就是正义的行为，而且对那些承担道德责任比较少的民族非常轻蔑。

日本人迈向社会变革的第一步是承认侵略战争是"错误的"。他们十分希望在和平国家中重新赢得尊重。这就需要建立一个和平的世界。今后数年间，如果俄国和美国若干年后致力于扩军备战，准备进攻，则日本将利用其军事知识参加那场战争。但是，就算这一点是事实，但也不能否认日本是可以成为和平国家的。日本的性情是随机应变的，如果情况允许，日本将在和平的世界中谋求其地位。如若不然，他们也会成为武装阵营的一员。

现在日本人认识到军国主义已经失败。他们还会关注其他国家的军国主义是否也在失败。如果没有失败，日本会再次燃起自己的好战热情并显示其对战争如何作为。如果军国主义在其他国家也失败了，日本则会以自身的例子教育人们，帝国主义的侵略事业不是一条通往荣誉的路。